本书受中共贵州省委党校（贵州行政学院、
2025年第一批引进高层次人才教学科研启
资助

我国数字经济发展
对税收收入的影响研究

杨青瑜 ◎ 著

中国财经出版传媒集团

经济科学出版社
Economic Science Press

·北 京·

图书在版编目（CIP）数据

我国数字经济发展对税收收入的影响研究 / 杨青瑜著 . -- 北京：经济科学出版社，2025.5. ISBN 978 - 7 - 5218 - 6843 - 2

Ⅰ. F812.42

中国国家版本馆 CIP 数据核字第 202577UN04 号

责任编辑：顾瑞兰
责任校对：齐　杰
责任印制：邱　天

我国数字经济发展对税收收入的影响研究

杨青瑜　著

经济科学出版社出版、发行　新华书店经销
社址：北京市海淀区阜成路甲 28 号　邮编：100142
总编部电话：010-88191217　发行部电话：010-88191522
网址：www. esp. com. cn
电子邮箱：esp@ esp. com. cn
天猫网店：经济科学出版社旗舰店
网址：http://jjkxcbs. tmall. com
固安华明印业有限公司印装
880×1230　32 开　6.625 印张　170000 字
2025 年 5 月第 1 版　2025 年 5 月第 1 次印刷
ISBN 978 - 7 - 5218 - 6843 - 2　定价：49.00 元
（图书出现印装问题，本社负责调换。电话：010 - 88191545）
（版权所有　侵权必究　打击盗版　举报热线：010 - 88191661
QQ：2242791300　营销中心电话：010 - 88191537
电子邮箱：dbts@ esp. com. cn）

前　言

　　数字经济成为当今世界科技革命和产业变革的先机，是新一轮国际竞争的重点领域，同时也是重组全球要素资源、重塑全球经济结构、改变全球竞争格局的关键力量。发展数字经济，是把握新一轮科技革命和产业变革新机遇的战略抉择。数字经济健康发展，有利于推动构建新发展格局、建设现代化经济体系、构筑国家竞争新优势。近年来，随着云计算、大数据、人工智能、区块链、物联网、5G 等新一代信息和通信技术的加速创新突破，数字经济与实体经济深度融合，在推动我国经济高质量发展的同时，对税收收入会产生何种影响值得深入探究。这不仅能够促进数字经济持续、健康发展，还能在数字经济时代提高税收收入，进而对完善税收制度提供一定的借鉴意义。

　　基于上述背景，本书考察了我国数字经济发展对税收收入的影响。首先在梳理总结国内外相关文献的基础上，分析数字经济发展对税收收入的影响机制。其次，通过构建数字经济发展指标体系，在测度 2011～2019 年我国 29 个省份数字经济发展水平综合指数的基础上，深入剖析数字经济发展水平的时空演变特征，并通过建立计量模型来考察数字经济发展水平对税收收入的影响及作用机制。再次，在测算我国数字产业化规模的基础上，从理论层面分析数字产业化、产业结构高级化、税收收入之间的关系，并通过实证分析法加以检验。接着，以分行业的信息通信技术（ICT）资本存量来近似代替我国产业数字化规模，在此基础上从理论层面探讨产业数字化、地区全要素生产率、税收收入之间的关系，并通过实证分析法加以验证。最后，在总结本书主要研究结论的基础上，基于运用税收政策，提出提高数字经济税收贡献度的相关政策建议。

本书主要研究结论如下。

第一，数字经济发展水平综合指数的测算结果表明，我国各省份数字经济发展水平大多呈强劲增长态势，但是总体而言，数字经济发展水平不平衡性呈明显上升态势。虽然各省份数字经济发展水平的总体基尼系数逐年下降，但并未影响其总体变化趋势，数字经济发展水平仍然存在显著的地区差异。

第二，从空间角度来说，我国数字经济发展水平正在经历从低水平、中低水平向中高水平、高水平迈进的演变趋势，但是尽管如此，数字经济发展水平依然呈现出发展不平衡、不充分的特征。另外，全局莫兰（Moran）指数和局部 Moran 指数的分析结果表明，我国各省份数字经济发展水平存在显著的空间正相关性，数字经济发展是以高—高集聚和低—低集聚为主，并且随着时间推移，空间正相关性呈递增态势。

第三，数字经济发展能够显著促进税收收入增长，数字经济发展水平每增加 1 个单位，税收收入增加约 0.487%。机制分析表明，数字经济发展水平提高税收收入是通过促进产业结构高级化实现的。数字经济发展水平每增加 1 个单位，产业结构高级化提高约

0.999 个单位；产业结构高级化每提高 1 个单位，税收收入提高约 0.179%。调节效应检验结果表明，工业化程度的提高强化了数字经济发展水平对税收收入的促进作用。此外，空间计量回归结果表明，数字经济发展水平对税收收入的影响存在显著的空间正相关性，数字经济发展水平不仅能够显著促进省份内部税收收入增长，还能对其他省份税收收入增长起到显著的正向溢出效应。

第四，数字经济发展水平在不同产业税收收入、不同税种以及不同分位点之间呈现明显的异质性特征。数字经济发展对第三产业税收收入的提高具有显著的促进作用，数字经济发展水平每增加 1 个单位，第三产业税收收入提高约 0.479%。数字经济深入发展对于增值税收入的促进作用显著，数字经济发展水平每增加 1 个单位，增值税收入提高约 0.982%。从分位数回归结果来看，数字经济发展水平的分位数回归系数随分位数增加呈上升态势，从 25 分位的 3.202% 增加至 90 分位的 3.469%。

第五，数字产业化深入发展能够显著促进税收收入增长，数字产业化规模每增加 1%，税收收入增加约 0.058%。中介效应检验结果表明，数字产业化发展对税收收入的促进作用是通过推动产业结构高级化实现的，其中，中介效应值为 0.012。

第六，数字产业化发展在不同地区、不同税种和不同工业化程度地区之间呈现明显的异质性特征。数字产业化发展对东部地区税收收入增长具有显著的促进作用，数字产业化规模每增加 1%，税收收入增加约 0.071%。数字产业化深入发展能够显著促进高工业化程度地区税收收入增长，数字产业化规模每增加 1%，税收收入提高约 0.210%。数字产业化发展能够显著促进增值税收入增长，数字产业化规模每增加 1%，增值税收入提高约 0.143%。

第七，产业数字化深入发展能够显著促进税收收入增长，产业数字化规模每增加1%，税收收入增加约0.019%。产业数字化发展提高税收收入是通过作用于地区全要素生产率实现的，产业数字化规模每增加1%，地区全要素生产率提高约0.031个百分点；地区全要素生产率每增加1个百分点，税收收入提高约0.339%。

第八，产业数字化发展在不同地区、不同政府干预程度以及不同税种之间呈现明显的异质性特征。与西部地区相比，东中部地区产业数字化发展对其税收收入的促进作用更加明显。对于东中部地区而言，产业数字化规模每增加1%，税收收入增加约0.207%；对于西部地区而言，产业数字化规模每增加1%，税收收入增加约0.095%。政府干预程度越高，产业数字化发展对税收收入的促进作用越明显。对于低政府干预程度地区而言，产业数字化规模每增加1%，税收收入提高约0.022%；对于高政府干预程度地区而言，产业数字化规模每增加1%，税收收入提高约0.044%。产业数字化发展能够显著促进增值税收入增长，产业数字化规模每增加1%，增值税收入提高约0.035%。

根据理论分析和实证研究结果，本书基于运用税收政策，提出了提高数字经济税收贡献度的相关政策建议。一是深入推进新型工业化建设，协同推进数字产业化和产业数字化发展；二是进一步完善数字经济相关税收制度，为税收收入增长奠定制度基础；三是制定促进数字经济协调发展的区域性税收扶持政策，缩小地区间"数字鸿沟"；四是推动数字经济和传统产业深度融合发展，加速产业结构高级化演变。

目　录

第 1 章

导　论

数字经济成为当今世界科技革命和产业变革的先机，是新一轮国际竞争的重点领域，同时也是重组全球要素资源、重塑全球经济结构、改变全球竞争格局的关键力量。发展数字经济，是把握新一轮科技革命和产业变革新机遇的战略抉择，数字经济健康发展，有利于推动构建新发展格局、建设现代化经济体系、构筑国家竞争新优势。

1.1　选题背景与意义

近年来，数字经济发展速度之快、辐射范围之广、影响程度之深前所未有，数字经济深入发展在推动我国经济高质量增长的同时，对税收收入产生了何种影响值得深入研究，这对于在数字经济时代提高税收收入，进而优化税制结构具有重要意义。

1.1.1　选题背景

随着云计算、大数据、人工智能、区块链、物联网、5G 等新一代信息和通信技术的加速创新突破，数字经济与实体经济深度融合，成为推动中国经济高质量发展、构建新发展格局的重要力量。

党的十八大以来，党中央和国务院始终密切关注和高度重视发展数字经济，将其上升为国家战略。新时代背景下，党中央审时度势、高瞻远瞩、提出建设"数字中国"重大发展战略。2017 年，习近平总书记在十九届中央政治局第二次集体学习时强调，要"加快建设数字中国，构建以数据为关键要素的数字经济，推动实体经济和数字经济融合发展"。《中华人民共和国国民经济和社会发展第十四个五年规划和 2035 年远景目标纲要》（以下简称"十四五"规划）指出，要"加快数字化发展，建设数字中国，打造数字经济新优势；激发数据要素潜能，以数字化转型整体驱动生产方式、生活方式、治理方式变革"。党的二十大报告强调，要"加快发展数字经济，促进数字经济和实体经济深度融合，打造具有国际竞争力的数字产业集群"。党的二十届三中全会审议通过的《中共中央关于进一步全面深化改革　推进中国式现代化的决定》（以下简称《决定》），对促进数字经济发展作出进一步战略部署，提出要"加快构建数字经济发展体制机制"。近年来，我国数字经济发展较快、成效显著。据中国信息通信研究院测算，2016～2023 年我国数字经济规模依次为 22.6 万亿元、27.2 万亿元、31.3 万亿元、35.8 万亿元、39.2 万亿元、45.5 万亿元、50.2 万亿元、53.9 万亿元，占 GDP 比重分别为 30.3%、32.7%、34.0%、36.3%、38.6%、39.8%、41.5%、42.8%；数字经济增速依次为 18.9%、20.3%、20.9%、15.6%、9.7%、16.2%、10.3%、7.39%，而同期 GDP 增速分别为 6.8%、6.9%、6.7%、6.0%、2.2%、8.1%、5.32%、4.64%[①]，

---

① 资料来源：国家统计局官网，https：//data. stats. gov. cn/easyquery. htm？cn = C01&zb = A0208&sj = 2021。

数字经济增速远高于 GDP 增速。由此可见，数字经济已经成为信息革命时代下拉动我国经济发展的"新引擎"，并将成为驱动经济复苏和经济增长的新动能。

数字经济深入发展，催生出全新的生产、分配、交换、消费模式，为我国经济增长注入强大活力的同时，会对税收收入造成何种影响？一方面，数字经济快速发展，促进了经济总规模的增加，进而达到涵养税源、扩大税基的作用，一定程度上促进了税收收入增长，提高了税收贡献。另一方面，我国数字经济总量虽然较大，但是数字经济对传统产业的改造还处于发展初期，并且数字经济在国民经济中所占的比重较低，和欧美其他发达国家相比，仍然还有较大的提升空间。据中国信息通信研究院测算，2020 年美国、英国以及德国的数字经济在国民经济中占据主导地位，占 GDP 比重超过 60%，而同一时期，中国这一比重仅为 39.8%。另外，数字经济迅速发展所带来的税收挑战日益凸显，并且在数字经济时代，生产要素、资源配置模式、经济结构等方面均发生了较大变化，这些都会在一定程度上削弱数字经济发展对税收收入的促进作用。由此，探讨我国数字经济发展对税收收入的影响具有重要的理论意义和现实意义。

此外，从发展路径来看，数字经济主要包括数字产业化和产业数字化两个方面，数字产业化和产业数字化同时也是数字经济发展的核心。"十四五"规划明确提出，要"加快推动数字产业化"以及"推进产业数字化转型"，这是党中央把握世界科技革命和产业变革大趋势作出的战略部署，为打造数字经济新优势指明了方向。《"十四五"数字经济发展规划》也特别强调，要"协同推进数字产业化和产业数字化，赋能传统产业转型升级，培育新产业新业态新模式，不断做强做优做大我国数字经济，为构建数字中国提供有力支撑"。党的二十届三中全会通过的《决定》进一步提出，要"完善促进数字产业化和产业数字化政策体系"。数字产业化有助于数字技术的迭代演进和创新发展，也是产业数字化和数字经济发展的动力源泉；产业数字化则表现为通过数字技术促进生产力发展以及提高资源配置效率。近年来，数字产业化、产业数字化与实体经济深度融合，成为推动数字化转型，进而促进数字经济深入发展的重要力量。那么，数字产业化和产业数字化深入发展，在促进经济增长的同时，会如何作用于税收收入，并对税收收入产生多大程度的影响也值得深入研究。

在数字经济深入发展背景下，研究数字经济发展对税收收入的影响，不仅能够促进数字经济持续、健康发展，还能在数字经济时代提高税收收入，进而对于税收制度完善提供一定的借鉴意义。

1.1.2 选题意义

1.1.2.1 理论意义

第一，通过建立数字经济发展指标体系来测算我国数字经济发展水平综合指数，并尝试构建数字经济发展对税收收入影响的理论分析框架。数字经济规模测算问题，一直是学术界研究的热点与难点，通过建立数字经济发展指标体系来测算我国数字经济发展水平综合指数，为分析我国数字经济发展状况奠定一定的理论分析基础。此外，数字经济蓬勃发展，但目前学术界对于数字经济发展对税收收入影响方面的研究还相对较少。因此，在建立数字经济发展指标体系的基础上，尝试构建数字经济发展对税收收入影响的理论分析框架，对于进一步规范和实证研究数字经济的税收相关问题具有重要的理论意义。

第二，在测算我国数字产业化、产业数字化规模的基础上，分别尝试分析数字产业化和产业数字化发展对税收收入的影响机制。数字产业化和产业数字化是数字经济的两个重要组成部分，因而研究我国数字经济发展状况，应充分考虑数字产业化和产业数字化两个方面的问题。此外，虽然数字产业化以及产业数字化相互依存、密切相关，但是二者对于税收收入的影响机制却不尽相同。因此，在分别测算我国数字产业化以及产业数字化规模的基础上，探讨二者对于税收收入的影响机制，不仅在一定程度上有助于拓展数字经济的研究视角，还有助于为数字经济时代税收制度的研究提供一定的理论参考。

1.1.2.2 现实意义

第一，分析我国数字经济发展水平的时空演变特征，为促进数字经济持续健康协调发展提供现实基础。测度数字经济发展水平是新时代追求经济高质量发展的重要命题，这对于促进我国数字经济持续、健康发展具有重要意义。但是，由于信息通信技术（ICT）在不同国家、地区以及使用群体之间的获取和使用存在巨大的差异性，也形成了一种新的不平等，称为"数字鸿沟"。因而，在测度数字经济发展水平综合指数的基础上，深入剖析我国数字经济发展水平的时空演变特征，旨在为缩小地区间"数字鸿沟"、促进区域协调发展，进而推动经济高质量增长提供政策建议参考。

第二，提高数字经济税收贡献度，完善数字经济相关税收制度。数字经济提供了更加高效的经济运行模式，但是目前世界上绝大多数国家 GDP 增长率并没有显示出预期的由数字经济发展所带来的提高。不仅如此，近年来，为了促进数字经济快速发展，一方面，国家制定并出台了一系列税收优惠政策，一定程度上降低了数字经济相关行业的税收负担；另一方面，由于数字经济是一种不同于传统产业的新型经济形态，因此和传统经济相比，数字经济的税源发生了本质变化，由此导致目前在数字经济领域还存在税收征管不到位、税源流失等现象。因而从这一意义上来说，我国是数字经济大国，但却是数字税收小国。那么，数字经济快速发展所带来的税收收入的提升，是否会如预期般增长值得深入研究，这对于提高数字经济的税收贡献度，进而对完善数字经济相关税收制度具有重要的现实意义。

1.2 国内外文献综述

1.2.1 数字经济概念界定及内涵

1.2.1.1 数字经济概念界定

"数字经济"概念最早出现于 20 世纪 90 年代。1995 年，经济合作与发展组织（OECD）详细阐释了数字经济未来可能的发展趋势，认为在互联网革命的驱动下，人类的发展将由原子加工过程转变为信息加工处理过程。1996 年，美国学者泰普斯科特（Tapscott）在其著作《数字经济：网络智能时代的希望与危险》中，描述了计算机以及互联网革命对商业行为的影响。随着互联网技术和产业经济的发展，数字经济内涵在不断丰富的同时，界限也越发模糊。因此，目前尚未形成一个国际社会所普遍认可，并且在经济学意义上有严谨定义的概念。各国政府部门、国际组织、研究机构以及学者们分别基于不同视角对数字经济概念和内涵进行了研究及阐释。

日本是最早对数字经济概念进行界定的国家。1997 年，日本通产省在相关报告中将数字经济定义为具备以下四种特征的经济形态：一是没有人员、物体和资金的物理移动的经济是可能的；二是合同的签订、价值转移和资产积累可用电子手段完成；三是作为经济基础的信息技术将高速发展；四是电子商务将广泛拓展，数字化将渗透人类生活的各个方面（田丽，2017）。可以发现，日本政府将数字经济基本定义为广义的电子商务，这一定义在 2000 年左右也被各国政府所普遍认同并采纳。1998 年，美国商务部发表的《浮现中的数字经济》研究报告中，将数字经济的特征概括为"因特网是基础设施、信息技术是先导技术、信息产业是带头和支柱产业、电子商务是经济增长的发动机"，该报告将电子商务以及使其成为可能的 IT 产业看作数字经济的两个方面（Henry et al.，1999）。1999 年，美国统计局在这一定义的基础上进一步界定了数字经济的范围，并指出数字经济主要包括网络网际、电子商务、电子化企业以及网络交易（尼古拉·尼葛洛庞帝，2017）。2000 年，美国人口普查局又给出了更为规范化的定义，即将数字经济分为电子商务基础设施、电子商务流程、电子商务贸易三个部分（Mesenbourg，2000）。足以见得，电子商务和 IT 产业是这个时期数字经济所包含的全部内容（陈亮，2020）。学者们在这一时期也是以此为基础来界定数字经济，并展开相应研究的。比如，莫尔顿（Moulton，1999）、霍尔蒂万格和贾明（Haltiwanger & Jarmin，2000）指出，IT 技术以及电子商务是数字经济的重要组成部分，其中，IT 技术主要是指信息处理过程中所需要用到的设备、软件等，而电子商务主要是指互联网销售的产品和服务，以及由于 IT 技术剧烈变化所带来的经济结构变动的一部分。巴贝特和库蒂内（Barbet & Coutinet，2001）认为，数字经济包括 ICT 和以互联网技术为基础的电子商务。克林和兰姆（Kling & Lamb，1999）指出，数字经济是一个通过数字化技术来提供商品和服务的重要经济部门。可以看出，数字经济在这一时期主要被用于描述互联网技术的发展对商业行为所产生的影响，以计算机和网络技术为特征的经济即为数字经济，计算机、信息以及通信技术的融合是驱动数字经济发展的根本力量（Lane，1999；Choi & Whinston，2000）。

进入 21 世纪以来，随着 ICT 的应用领域不断拓展以及经济社会数字化程度不断提升，数字经济的内涵和边界范围也由此发生了较大的改变（蔡跃洲和牛新星，2021）。欧盟委员会（2013）指出，数字经济是基于数字技术的经济，有时也可称为互联网经济。OECD（2013）认为，数字经济是指通过互联网上的电子商务来实现与执行商品以及服务贸易的活动。此外，澳大利亚宽带通信与数字经济部（2013）提出，数字经济是通过数字技术实现的全球经济和社会活动网络，如互联网以及移动网络。英国计算机学会（2014）也认为，数字经济是基于数字技术的经济，并且是基于互联网和世界市场来开展业务的经济形式。可以看出，此时还是认为数字经济是以互联网为特征的经济。但是，英国统计局（2015）却指出，数字经济不仅包括商品和服务的数字化，还包括运用数字化技术帮助企业而获得的收益。2016 年，中国在 G20 杭州峰会通过的《二十国集团数字经济发展与合作倡议》中将数字经济界定为，"以使用数字化的知识和信息作为关键生产要素、以现代信息网络作为重要载体、以信息通信技术的有效使用作为效率提升和经济结构优化的重要推动力的一系列经济活动"。这一定义得到比较广泛的认可，根据这一定义，中国国家统计局在其发布的《数字经济及其核心产业统计分类（2021）》报告中指出，将数字经济的核心产业范围界定为数字产品制造业、数字产品服务业、数字技术应用业、数字要素驱动业以及数字化效率提升业等五个大类。美国经济分析局（BEA）则主要从互联网及其相关的信息通信技术出发来界定数字经济，并指出数字经济主要包括数字化基础设施、数字媒体以及电子商务（Barefoot et al.，2018）。澳大利亚政府在《澳大利亚的数字经济：未来的方向》报告中指出，数字经济是通过互联网、移动电话和传感器网络等信息和通信技术，来实现经济和社会的全球性网络化（田丽，2017）。另外，国际货币基金组织（IMF，2019）指出，狭义的数字经济主要指的是在线平台，以及基于这些平台而发生的一系列经济活动；广义的数字经济则是指数字化技术在经济各部门中的应用（如互联网的使用），从农业到仓储业，所有使用数字化技术的活动都被视为数字经济活动的一部分。由此可见，各国政府、国际组织对数字经济的概念界定发生了很大变化，数字经济的外延不断拓展。此外，在对数字经济概念的界定中，各国政府、国际组织大多更强调数字化在数字经济中的重要性。

相应地，学者们在这一时期对于数字经济概念的界定也发生了较大变化。比如，巴克特和海克斯（Bukht & Heeks，2017）将数字经济定义为"纯粹或主要来源于以数字商品或服务的商业模式为基础的，数字技术经济产出的一部分"，按照这一定义可以将数字经济分为核心层、窄口径层以及宽口径层。其中，数字经济的核心层又被称为数字部分，包括软件制造业、信息服务业、电信业、软件以及 IT 咨询业；窄口径层为狭义的数字经济，主要包括数字服务、平台经济等数字经济所带来的新商业模式；宽口径层为广义的数字经济，包括一切基于数字技术的经济活动。陈晓红等（2022）提出，数字经济是以数字化信息作为关键资源，以互联网平台作为主要信息载体，以数字技术创新驱动作为牵引，以一系列新模式和新业态作为表现形式的经济活动。其中，数字经济的内涵包含四个核心内容：数字化信息、互联网平台、数字化技术、新型经济模式和业态。比洛索夫和蒂莫菲娃（Belousov & Timofeeva，2019）则将数字经济定义为人类的一种经济活动，并认为其重点是对作为产品制造商的人的影响而不是对劳工和仪器的影响。2020年，OECD在《衡量数字经济的通用框架路线图》中提出了针对数字经济的通用定义以及分层框架。他们指出，数字经济包含所有依赖数字投入或通过使用数字投入而显著得到增强的经济活动，包括数字技术、数字基础设施、数字服务和数据，即包括政府在内的所有生产者和消费者在各自的经济活动中使用数字投入。OECD对数字经济的定义涵盖了4个层次，采用分层方式分别对应着核心、狭义、广义和数字社会。总结起来，数字经济的内涵实际上可以从狭义数字经济和广义数字经济两个层次界定。其中，狭义数字经济指数字产业，主要是以数字技术为支撑，通过对数字信息的处理和加工形成数字产品及服务，通过市场在全社会范围内流通，具有能够显著提升各行业增加值的外部经济效应，主要包括数字化基础设施、数字中介服务、数字媒体等；广义数字经济是一个多层次的数字化经济运行系统，是以数据为媒介，通过数字技术促进全社会经济结构调整和生产效率提升的所有经济活动，包括数字化工业、数字化农业、数字化金融、数字化教育、数字化医疗、数字化贸易等各个领域（陈梦根和张鑫，2022）。

随着数字技术的广泛渗透，数字经济的内涵和外延不断拓展。目前我国学界、政界的主流观点均认为，从经济结构来看，数字经济主要包括数字产业化和产业数字化两个部分。比如，蔡跃洲（2016）认为，以新一代信息技术为核心的新技术体系导致数据信息的收集、存储、处理、传播、展示发生全方位革命性变化，数据信息成为新关键要素，并将数字经济划分为与数字技术直接相关的特定产业部门和融入数字元素（或信息要素）后的新型经济形态，分别对应于"数字产业化"和"产业数字化"。宋旭光等（2022）从经济结构的角度出发，指出数字经济主要包括数字产业化和产业数字化，其中数字产业化是数字经济的核心产业，主要是指为产业数字化发展提供数字技术、产品、服务、基础设施和解决方案，以及完全依赖于数字技术、数据要素的各类经济活动；产业数字化则是指数字技术与实体经济的融合。李腾等（2021）则以数字经济产业体系划分为基础，同样也将数字经济划分为数字产业化和产业数字化两个部分，他们认为数字产业是指以数字技术为核心，并为产业体系供应数字类产品的产业，而数字融合产业是指对数字类产品有需求，并且需要利用数字技术改造自身的产业，结合产业部门定义可以进一步分别将二者表述为数字产业部门以及数字融合部门。由此一来，数字产业与数字融合产业成为数字产业化与产业数字化在产业层面的映射。

1.2.1.2　数字产业化的内涵判断

数字产业化强调数字技术的产业化，20 世纪 70 年代起，伴随着信息经济概念的提出与发展，美国、加拿大以及墨西哥共同制定了《北美产业分类体系》，首次将信息产业划分为独立的产业，并对其进行严格界定；1998 年，OECD 将信息和通信技术定义为与信息通信技术相关的产业活动。由于对数字技术的定义范畴不同，因此数字产业化也有狭义和广义之分（李腾等，2021）。

狭义的数字产业化主要聚焦于信息通信产业。数字产业化可以理解为数字经济的基础部分，即由于应用数字技术而引发的新产品以及新服务的变革，比如电子设备制造业、信息通信业、软件产业、信息技术服务业等（杜庆昊，2021）。韩君和高瀛璐（2022）认为，数字产业化是指通过实现产业数据互联互通，将计算机、信息通信提供的技术规模化、产业化，为数字经济发展提供技术解决方案和技术服务。但是中国信息通信研究院（2021）在界定数字产业化范畴时指出，数字产业化即数字技术创新和数字产品生产，主要是指信息通信产业，具体包括电子信息设备制造、销售、租赁、电子信息传输服务、计算机服务、软件业等其他信息相关服务，以及由于数字技术广泛融合渗透所带来的新兴产业，如云计算、物联网、大数据、互联网金融等。可见，此时对于数字产业化的定义已经拓展至除信息通信产业以外的其他新兴产业。蔡跃洲和牛新星（2021）在界定数字产业化时指出，数字部门既包括"电子元器件""计算机制造""通信设备制造""软件和信息技术服务业"等传统信息和通信技术产业，也涵盖"数字媒体/数字出版""电子商务"等新兴产业，数字部门范围边界比较清晰，对应于"数字产业化"。

随着数字经济的快速发展，狭义的数字产业化定义已经无法适应现实需要。因此，部分学者将数字产业从狭义的信息通信产业进一步拓展至数字内容、数字交易等范畴（许宪春和张美慧，2020；李腾等，2021）；也有学者尝试构建起数字经济产业统计分类目录，并将数字经济产业划分为数字设备制造、数字信息传输、数字技术服务、数字内容与媒体、互联网应用及相关服务5个大类（关会娟等，2020），数字产业外延得以拓展，由此便形成了广义的数字产业范畴。2021年6月，国家统计局正式发布《数字经济及其核心产业统计分类（2021）》，数字产业整体框架得以正式确立。《数字经济及其核心产业统计分类（2021）》中指出，数字经济核心产业是指为产业数字化发展提供数字技术、产品、服务、基础设施和解决方案，以及完全依赖于数字技术、数据要素的各类经济活动。数字产业化部分主要是指数字经济核心产业对应的数字产品制造业、数字产品服务业、数字技术应用业、数字要素驱动业四大类，主要包括计算机通信和其他电子设备制造业、电信广播电视、卫星传输服务、互联网和相关服务、软件和信息技术服务业等，是数字经济发展的基础。此外，刘钒和余明月（2021）主要从数字产业化的表现形式出发对其进行界定，他们认为数字产业化的表现形式是信息增值模式，即通过平台将数据和信息进行清洗、整理、分析，由此形成既可以在企业内部流转又能够通过市场交易流通的数据资产或者数据产品，进而实现信息增值并打通数字产业链。

1.2.1.3 产业数字化的内涵判断

不同的国家、行业以及机构对产业数字化有不同的定义和理解。德国对于产业数字化的定义充分体现在"工业4.0"上。德国"工业4.0"战略的核心是通过信息物理系统实现人、设备以及产品的实时联通、相互识别和有效交流，构建一个高度灵活的数字化、网络化的智能制造模式，进而保持德国制造业的竞争优势。欧盟委员会认为数字化转型应该聚焦于三个目标：让技术为人服务；打造公平和有竞争力的经济环境；实现开放、民主及可持续发展的社会。从国内的研究机构来看，中国信息通信研究院（2021）认为，"产业数字化是传统的第一、第二、第三产业由于应用数字科技所带来的生产数量的增加和生产效率的提升，其新增产出构成数字经济的重要组成部分，包括但不限于工业互联网、两化融合、智能制造、车联网、平台经济等融合型新产业新模式新业态"；国务院发展研究中心将数字化转型定义为"利用新一代信息技术，构建数据的采集、传输、存储、处理以及反馈的闭环，打通不同层级和不同行业之间的数据壁垒，提升行业整体运行效率，构建全新的数字经济体系"；华为指出，"数字化转型主要是通过新一代数字科技的深入应用，构建一个全感知、全联接、全场景、全智能的数字世界，从而优化再造物理世界的业务，对传统管理模式、业务模式、商业模式进行创新以及重塑，实现业务成功"；京东数字科技研究院（2020）则将产业数字化定义为，"产业数字化是指在新一代数字科技的支撑及引领下，以数据为关键要素，以价值释放为核心，以数据赋能为主线，对产业链上下游的全要素数字化升级、转型及再造的过程"。此外，国家统计局发布的《数字经济及其核心产业统计分类（2021）》中指出，产业数字化部分是指应用数字技术和数据资源为传统产业带来的产出增加和效率提升，是数字技术和实体经济的融合，在分类中对应于数字化效率提升业。

可见，国内研究机构普遍认为产业数字化是指应用新技术、新要素使得传统经济增值的部分，也即利用数字技术对传统产业进行改造升级，由此带来的产业效率提升及产出增加，增加的这部分产出一般被归集为产业数字化范畴（肖旭和戚聿东，2019；杜庆昊，2021）。国内部分学者在对产业数字化的概念进行界定时也大多采用此定义。比如，韩君和高瀛璐（2022）提出，产业数字化是以传统产业和信息产业共建融合为基础，通过运用新一代数字技术对传统产业进行改造升级，改变传统经济运营模式，从而实现产业模式的创新。王桂军等（2022）指出，产业数字化主要指传统农业、工业和服务业对数字技术的引进及使用。周夏伟等（2022）指出，产业数字化是产业利用新兴技术，创新生产加工、运营监管、组织再造等流程，实现数字化转型的一个过程。此外，也有小部分学者是从产业数字化的表现形式出发对其进行界定，比如刘钒和余明月（2021）指出，产业数字化表现为融合驱动模式，贯穿投入、生产以及产出的全过程，主要包括生产要素数字化、业务流程数字化以及最终产品数字化。

1.2.2　数字经济规模测算

近年来，数字经济快速发展并与实体经济深度融合，测算其规模及影响对于理解整体经济形势具有重要意义。随着数字经济的蓬勃发展，数字经济规模测算问题已经引起了很多国际组织、研究机构和学者们的重视，并为此展开了深入研究。在 GDP 和生产率缓慢增长的背景下，学者们认为现有的宏观经济统计或许已经无法充分捕捉数字化以及数字化产品和活动所带来的增加值（IMF，2017）。但是鉴于目前尚未对数字经济形成统一定义，加之数字经济是以数据为核心生产要素，涉及的领域跨越行业以及地域限制，和传统经济的统计口径、产业分类体系都存在一定程度的交叉性，这就导致准确测算数字经济规模及其影响具有较大难度，因而当前学术界对于数字经济的衡量方式也还未达成一致意见。通过梳理、总结相关文献发现，目前主要有增加值测算法、指标体系构建法以及构建卫星账户三种测算数字经济规模的主要方法。由于各研究机构和学者选用的测算方法不同，从而导致测算结果也存在显著差异。

1.2.2.1　增加值测算法相关研究

目前国内外大多数国家官方统计局、研究机构在测算各国数字经济规模时大多采用增加值测算法，部分研究机构以及学者们还通过建立投入产出模型来测度数字经济增加值。这种方法应用最为广泛，但是该方法的局限性在于测算过程依赖于较多的假设条件，并且需要大量的政府官方数据。

在国外，BEA 在对数字经济概念进行界定的基础上，在供给使用框架内确定与数字经济相关的商品和服务，最后再确定生产这些数字商品和服务的行业，并估算出与此活动相关的总产出、增加值等一系列数据（Barefoot et al.，2018）。国际上许多国家官方统计局，如澳大利亚统计局、新西兰统计局、加拿大统计局等，在测算该国数字经济规模时均借鉴了 BEA 的这一方法（许宪春和张美慧，2020）。塔塔里诺夫（Tatarinov，2019）也以 BEA 为例，探讨了"数字"增值的计量问题。另外，欧洲智库布鲁盖尔（Bruegel）利用中国的投入产出表（2012）和人口普查（2010）数据，采用生产法从增加值和就业两个方面对中国的信息通信技术部门规模（数字经济的核心）提出了具有国际可比性的估计方法（Garcia - Herrero & Jianwei，2018）。在国内，国家互联网信息办公室发布的《数字中国发展报告（2020）》中采用数字经济核心产业增加值占比来刻画我国数字经济规模。中国信息通信研究院指出数字经济主要包括数字产业化和产业数字化两个部分。其中，数字产业化部分规模用信息产业增加值来衡量，具体而言，数字产业化部分规模（增加值）等于电子信息制造业（增加值）、基础电信业（增加值）、互联网行业（增加值）以及软件服务业（增加值）四部分之和；而产业数字化部分规模则是用 ICT 产品和服务在其他领域融合渗透所带来的产出增加和效率提升（增加值）来衡量（中国信息通信研究院，2021）。腾讯研究院在对数字经济规模进行测度时，主要是通过建立面板数据模型，估算出"互联网 + 数字经济指数"以及与 GDP 之间的回归关系，从而利用合成的"互联网 + 数字经济指数"推算出我国数字经济增加值（腾讯研究院，2018；陈梦根和张鑫，2020）。此外，中国信息化百人会在测算数字经济规模时，首先将数字经济划分为生产部分和应用部分。其中，生产部分采用生产法直接核算各行业增加值；应用部分则主要测算信息通信技术渗透到各行业领域后，通过提升其生产效率而额外带来的增加值（中国信息化百人会，2017）。蔡跃洲（2018）指出，虽然腾讯研究院和中国信息化百人会的测算结果非常接近，但是腾讯研究院的测算方法在逻辑上有很多值得推敲之处，同时，中国信息化百人会在测算细节处理上也存在很多难点和争议。

国内学者在测算数字经济规模增加值时，也大多借鉴上述国外官方统计机构、研究机构的测算方法。比如，康铁祥（2008）利用数字产业部门总增加值以及数字辅助活动创造的增加值之和来衡量我国数字经济总规模。其中，数字产业部门总增加值是将中国国民经济行业分类标准中数字产业的增加值加总计算而来；数字辅助活动创造的增加值是从非数字产业部门对数字产品和服务的中间消耗占总消耗的比重来确定；最后在此基础上使用投入产出表对数字经济规模进行测算。许宪春和张美慧（2020）在界定数字经济内涵的基础上，再对与数字经济相关的产品、行业进行筛选，最后借鉴BEA的测算方法对数字经济相关产业的总产出、增加值等总量进行测算。韩兆安等（2021）从数字经济生产、流通、交换、消费四个方面概括数字经济行业，在此基础上也借鉴了BEA的测算方法对中国省际数字经济规模进行测算。蔡跃洲和牛新星（2021）则是借鉴中国信息通信研究院的测算方法，将数字经济划分为数字产业化及产业数字化两个部分，使用国民经济核算、增长核算和计量分析等工具，测算中国数字经济增加值规模。刘钒和余明月（2021）通过设计评价数字产业化和产业数字化的耦合协调状况及趋势的指标体系，并以长江经济带 11 个省市为研究对象，揭示与阐述两者之间的耦合机理。其中，数字产业化和产业数字化的测算方法也和中国信息通信研究院相同。胡甲滨等（2022）同样也将数字经济分解为数字产业化和产业数字化，但是由于相关行业部分年份的增加值数据有所缺失，因而一方面，在计算数字产业化规模时，是将数字经济核心产业 ICT 产业的 GDP 作为数字产业化的替代变量。具体做法是：对于缺失年份数据，用前一年 ICT 产业 GDP 占总 GDP 的比重乘以该年 GDP 得到 ICT 产业这一年的增加值；为了使得各年份具有可比性，得到经地区生产总值指数平滑消除价格影响后的可比价 $GDP_{可比价}$，用各年 ICT 产业 GDP 占总 GDP 的比重乘以可比价 $GDP_{可比价}$ 得到 ICT 产业可比价 $GDP_{数字产业化}$。另一方面，由于无论 ICT 资本还是数字经济产品都源于 ICT 产业，因而可以将 ICT 产业整体看作是其他传统产业的特殊生产部门，利用生产函数直接计算 ICT 产业资本投入、劳动力投入对传统产业经济增加值总的贡献率，进而测度产业数字化部分增加值。朱发仓等（2021）在测算浙江省数字经济规模时，借鉴中国信息化百人会的测算方法，将数字经济分为数字技术生产和数字技术应用两个部门。其中，采用生产法核算数字经济生产部门的增加值；并将数字技术视作数字技术应用部门的资本投入要素，开发测算数字技术应用部门增加值的"两步法"。陈梦根和张鑫（2022）则采用编制投入产出序列表的方法，获取行业层面的产出、中间投入以及增加值等基础数据，对各个部门之间的经济联系进行量化分析，并结合信息经济以及数字经济测度理论测算中国数字经济的规模以及结构。在借鉴陈梦根和张鑫（2022）做法的基础上，杨立勋等（2022）将中国 2017 年 149 部门投入产出表和国家统计局发布的《数字经济及其核心产业统计分类（2021）》有效衔接，实现数字经济产业分类标准以及投入产出表部门一一对应，并引入分离系数构建数字经济部门投入产出表，进而测度中国整体及分行业数字经济规模。李洁和张天顶（2021）利用投入产出模型，并结合《中国投入产出表》和国家统计局发布的《数字经济及其核心产业统计分类（2021）》等基础数据来测度中国 2012 年、2017 年和 2018 年的数字经济部门增加值。

1.2.2.2 指标体系构建法相关研究

由于相关行业增加值数据无法直接获取，因此数字经济指标体系构建及其相关实证研究同样也是国内外各研究机构、学者们关注的重点。但是，目前尚未就建立数字经济指标体系形成统一结论，各研究机构、学者们都是从不同的角度出发来界定数字经济内涵并建立相关指标体系，进而测算数字经济规模的。

联合国国际电信联盟（ITU）从 1995 年起就已经发布了多个版本的《衡量信息社会报告》和 ICT 发展指数（IDI），该报告被认为是世界上最权威的关于全球信息和通信技术发展状况的数据库。2017 年的测评对象涵盖了世界 176 个经济体，并为各国政府、国际组织、各部门、开发银行等所广泛采用。IDI 针对 ICT 接入、使用及技能建立了 11 个指标，用于比较不同国家以及不同时段的 ICT 发展水平。IDI 全面衡量了 ICT 相关领域的基础设施、人力资本、产业应用等，对于衡量数字经济中信息技术方面的产业定位、指标选取、参考值设定等均有非常强的参考价值（徐清源和单志广，2018）。作为对数字经济研究起步较早的机构，OECD 发布的官方研究报告及其行业专家在工作论文中发布的最新研究动态，在目前是国外数字经济研究中最具权威性、影响力和时效性的（向书坚和吴文君，2018）。2014 年，OECD 在《衡量数字经济——一个新的视角》中构建了若干个具有国际可比性的指标来全面对比和分析世界主要国家的数字经济发展水平，该指标体系具体包括投资智能化基础设施、创新能力、赋权社会、ICT 促进经济增长与增加就业岗位等 4 个一级指标，以及宽带普及率、移动数据通信、互联网用户、ICT 投资、ICT 与研发等 38 个二级指标。虽然该报告并没有选取确定的样本国家进行全方位的数据收集，因而最终未形成总指标，并且未对比和评价世界各国的数字经济发展状况，尽管如此，这份报告中列举的数字经济的关键领域仍然具有一定的参考意义。欧盟一直以来都较为重视数字经济的发展和统计问题，自 2014 年起便相继发布了《欧盟数字经济与社会报告》、数字经济和社会指数（DESI）。DESI 由欧盟根据各国人力资本、宽带接入、数字技术应用、互联网应用、数字化公共服务程度五个主要维度，并下设 31 个二级指标对其数字经济发展水平进行测度。该指标体系的数据主要来源于欧盟家庭 ICT 调查和企业 ICT 调查等专项统计调查，具有较为充实的数据支撑以及研究积累。此外，国内一些研究院是以测算数字经济相关指标增加值为基础，进一步通过构建数字经济评价指标体系来测算我国数字经济规模。比如，中国信息通信研究院（2021）在测算数字产业化和产业数字化增加值的基础上，引入数据价值化以及数字化治理指标，通过构建数字经济"四化"框架来测算我国数字经济规模。同样地，从 2015 年起，腾讯研究院就开始从数字产业指数、数字文化指数、数字政务指数、数字生活指数 4 个方面建构数字中国指数。

在测算数字经济规模时，部分学者通过选择少数代表性指标从不同侧面来测算数字经济综合指数。比如，刘方和孟祺（2019）在构建统计指标的基础上，利用回归分析法来测度数字经济发展水平。其中，统计指标是数字经济基础部分，主要包括电子信息产业、软件服务业、基础电信业、互联网行业；数字经济融合效率部分则采用线性回归方法，主要指 ICT 产品和服务在其他领域融合产生的产出。但是大多数学者还是以数字经济指标体系构建作为测算数字经济规模的核心内容。比如，王军等（2021）选取数字经济发展载体、数字产业化、产业数字化、数字经济发展环境作为衡量数字经济的 4 个一级指标，并下设"传统基础设施""新型数字基础设施""产业规模""产业种类""农业数字化""工业数字化""服务业数字化""治理环境""创新环境"9 个二级指标和 30 个变量，对数字经济综合指数进行测算，在此基础上还对数字经济发展的时序演变和空间关联进行了深入剖析。刘军等（2020）在界定数字经济内涵的基础上，选取信息化发展、互联网发展、数字交易发展 3 个一级指标，并下设"信息化基础""信息化影响""固定端互联网基础""移动端互联网基础""固定端互联网影响""移动端互联网影响""数字交易基础""数字交易影响"8 个二级指标来构建中国分省份数字经济评价指标体系。张雪玲和焦月霞（2017）同样也是在对数字经济内涵界定与其发展特征进行分析的基础上，通过建立信息通信基础设施、ICT 初级应用、ICT 高级应用、企业数字化发展、信息和通信技术产业发展 5 个一级指标，并设置"每平方公里光缆长度""每千人互联网用户数""搜索引擎使用率""电子商务交易额占 GDP 比重""电子信息产业增加值占 GDP 比重"等 19 个变量来构建数字经济发展评价指标体系，进而测算我国数字经济发展状况的。钱纳克利和科瑞卓娃（Chinoracky & Corejova，2021）建立了包括经济、劳动力和技能三部分在内的复合指标体系，并下设"ICT 行业和高数字密集度行业的增加值占 GDP 比重""ICT 行业和高数字密集度行业的就业占总就业比重""拥有自然科学、数学和统计学学士学位的毕业生占所有大学学士学位毕业生总数的比例""自然科学、数学与统计学专业硕士毕业生占所有大学学习项目硕士毕业生总数的比例""自然科学、数学和统计学博士毕业生占所有大学学习项目博士毕业生总数的比例"等 17 个变量来衡量部分国家的数字经济规模。

数字经济的融合应用是数字经济发展的落脚点,同时也是学者们的研究重点(王军等,2021)。通过梳理现有研究可以发现,在数字经济融合应用方面的研究,部分学者也倾向于通过构建指标体系来衡量数字经济发展水平。比如,赵涛等(2020)在研究数字经济和城市高质量发展的效应和机制时,测度了中国 222 个地级及以上城市的数字经济综合水平。具体而言,数字经济综合发展水平主要包括互联网发展以及数字金融普惠两个方面,其中,采用互联网普及率、相关从业人员情况、相关产出情况和移动电话普及率 4 个指标来测度城市层面的互联网发展水平,并利用中国数字普惠金融指数来衡量数字金融发展水平,最后采用主成分分析法,将上述指标的数据标准化后进行降维处理,从而得到数字经济综合发展水平指数。柏培文和张云(2021)在探讨数字经济和人口红利下降的双重背景下,中低技能劳动者权益变动问题时,从数字产业活跃度、数字创新活跃度、数字用户活跃度、数字平台活跃度 4 个维度,并设置"信息传输、计算机服务和软件业就业人数占比""5G 产业专利授权数对数""移动电话普及率""域名数对数"等 13 个变量构建数字经济发展指标体系,并对各指标进行无量纲化处理,利用算术平均法将 4 个维度指标合成综合的数字经济。万晓榆和罗炎卿(2022)在研究数字经济发展对全要素生产率的影响时,通过建立数字基础设施、数字产业、数字融合 3 个一级指标，并下设"互联网宽带接入端口""信息传输、软件和信息技术服务业增加值/GDP""计算机、通信和其他电子设备制造业增加值/GDP""区域电子商务采销额/区域 GDP"等 12 个变量来构建测度数字经济发展水平的指标体系。唐要家等（2022）在探讨数字经济发展带来的市场结构变化及其对创新绩效的影响时，在借鉴相关文献的基础上，将宏观层面的数字经济发展指数与微观层面企业数据要素开发利用指数结合起来，从数字基础设施、数字产业发展和数字商业发展 3 个维度构建了共 9 个具体指标的数字经济发展指标。曹静韬和张思聪（2022）在研究数字经济对我国地区间税收收入分配的影响时，则是从数字产业化和产业数字化两种形式的数字经济出发，通过建立指标体系并使用指数权重确定法（NBI）对测度指标进行赋权，来测度数字经济发展水平。其中，在数字产品制造、数字技术应用、数字要素驱动 3 个一级指标下，选择"电子信息制造业收入""软件业务收入""电信业务总量""百户固定电话数""互联网宽带接入端口"等 10 项指标，作为测度"数字产业化水平"的指标；在数字化效率提升这一指标下，选取"百人计算机占有数""百家企业网站拥有数""电子商务企业占比""电子商务销售额"4 个指标来测度产业数字化发展水平。唐红涛和谢婷（2022）在探究数字经济在产业扶贫和产业振兴衔接中的影响效应时，同样是从数字产业化和产业数字化两个层面建构数字经济发展指数，数字产业化主要通过数字产品制造业、数字产品服务业、数字技术应用业、数字要素驱动业 4 个层面衡量，产业数字化从数字化效率提升层面衡量，分别从智慧农村、智能制造、数字政府与数字金融 4 个维度建立指标体系。

1.2.2.3 构建卫星账户相关研究

数字经济卫星账户是一种用来反映所有机构部门进行数字经济活动过程的卫星账户。相较于增加值测算法和指标体系构建法而言，数字经济卫星账户能够全面反映国民经济各行业从事数字经济特征的活动情况，是测度数字经济实际发展规模及其对整体经济贡献程度较为可行的一种方法（许宪春和张美慧，2020）。目前，国际上对于构建数字经济卫星账户的研究还处于初步探索阶段，马来西亚统计局在 ICT 卫星账户的基础上设置了一系列辅助指标，并构建了马来西亚数字经济卫星账户。OECD 专门成立了一个在数字经济背景下衡量国内生产总值的咨询小组，并作出了较为前沿的研究。OECD（2017）构建的数字经济框架是围绕数字交易的类型来核算数字经济，而不仅仅是数字产品或产业，这对于核算数字经济提供了非常有价值的信息，其中，数字交易类型是通过数字订购、平台促成、数字传输 3 个维度来界定的。他们通过"供给—使用表"系统地剖析数字经济的生产者、使用者、赋权者、产品性质等内容，提出数字经济卫星账户的基本框架，并编制了数字经济卫星账户供给使用表。在此基础上，阿哈默德和瑞巴尔斯基（Ahmad & Ribarsky，2018）围绕现行核算框架，在现有供给使用表内，提出了一个初步的数字经济卫星账户框架，这有助于在多维层面充分认识数字经济。贝尔富特（Barefoot，2018）对美国数字经济规模进行的测算，也为美国构建数字经济卫星账户奠定了基础。此外，从国家的角度而言，世界上还很少有系统地编制数字经济卫星账户的国家，目前只有新西兰、美国、澳大利亚、智利、南非等少数几个国家在 OECD 的研究基础上作出了初步探索。

目前，我国官方暂未编制过数字经济卫星账户，国内学者对于这方面的研究主要也是在总结国际经验的基础上进行的。比如，屈超和张美慧（2015）在归纳总结澳大利亚、OECD 以及其他国际组织对 ICT 卫星账户研究成果的基础上，提出了构建我国 ICT 账户的构想。杨仲山和张美慧（2019）在充分借鉴 OECD（2017）研究思想的基础上，结合中国数字经济发展现状，试图提出中国数字经济卫星账户的整体框架，以期为我国数字经济卫星账户的编制和国民经济核算体系的完善提供借鉴意义。向书坚和吴文君（2019）的研究同时包含了生产核算以及收入分配核算，在深入剖析数字经济核算面临的主要问题的基础上，尝试构建一个具有国际可比性的中国数字经济卫星账户框架。罗良清等（2021）则基于数字技术对实体经济融合的视角定义了数字经济产业和产品，将其分为数字经济基础产业和融合产业，以及数字产品和数字化产品，据此识别数字经济核算界限，尝试构建中国数字经济卫星账户的基础框架，并设计了核心表式和相关总量指标。与其他方法相比，构建数字经济卫星账户能够更加清楚地反映国民经济各行业从事数字经济活动的状况，成为测量数字经济规模、行业特征及其对国民经济贡献度的主要方法。但是由于目前在数字经济的内涵界定、相关产业划分以及数字经济卫星账户理论等基础性问题上尚未达成共识，并且相关统计数据也较难获取，因而从宏观层面编制数字经济卫星账户还存在较大的难度。

1.2.3　数字经济税收问题相关研究

近年来，信息技术革命掀起了数字经济的发展浪潮，推动了新的经济全球化。数字经济蓬勃发展，在培育经济增长新动能的同时，对现有税收理论和税收制度提出了严峻挑战。为应对数字经济带来的税收挑战，从 2013 年起，OECD 逐渐展开了数字经济方面的研究，并一直致力于积极推动各国在多边框架下进行谈判。实际上，正是 OECD 发布的 BEPS 行动计划第一项——《应对数字经济的税收挑战》，致使数字经济替代电子商务成为国际税收关注的焦点（OECD，2015）。对于我国税收而言，数字经济深入发展的同时，还给税收带来了立法基础发生改变、传统税收管辖权受到冲击、税基估值难以确定、纳税主体界定困难、税收征管难度加大以及税收治理方式相对滞后等方面的挑战（冯守东和王爱清，2021；李香菊和谢永清，2022）。2015 年以来，OECD 启动了"应对数字经济的税收挑战"专题研究；中国信息通信研究院（2020）发布了《数字经济对税收制度的挑战与应对研究报告》，这项报告以数字经济为经济社会带来的新变化为切入点，系统分析了数字经济对现行税收制度带来的纳税主体难以确认、课税对象难以准确评估、纳税地点难以合理确定三大方面的挑战，以及数字经济税收问题对经济社会发展效率和公平带来的负面影响，即在一定程度上影响了经济效率、影响了政府财政收入、妨碍了社会公平。可见，围绕数字经济税收问题，国际国内讨论十分热烈（冯俏彬，2021）。通过梳理相关文献发现，对于数字经济税收相关问题，现有文献围绕数字经济对税收收入的影响、数字经济背景下税收治理以及税收征管等问题展开了一系列研究。

1.2.3.1　数字经济对税收收入影响的相关研究

数字经济快速发展对经济增长的促进作用日益凸显，进而对税收收入也产生了一定影响。部分学者认为，数字经济深入发展会显著促进税收收入的提高。艾华等（2021）通过运用 2015～2018 年我国 30 个省（自治区、直辖市）的数字经济指数，实证分析了数字经济发展对地方政府税收收入的影响。研究发现，数字经济深入发展显著促进了地方政府税收收入增长，但同时也在一定程度上加剧了地区间税收收入差距。梁晓琴（2020）则研究了数字普惠金融发展与地方税收之间的关系。研究发现，数字普惠金融能够显著地促进地方税收增长，且这一促进作用主要是通过数字普惠金融覆盖广度提高和移动化、便利化等程度加深实现的；并且数字普惠金融对地方税收的影响随着分位数的增加而提高，在低分位数上，数字普惠金融对地方税收影响小且统计显著性弱，而在高分位数上，数字普惠金融对地方税收的影响大且统计显著性强。韩君和高瀛璐（2022）在量化分析我国省域数字产业化和产业数字化发展的产业关联效应基础上，通过分析二者的影响力系数以及感应度系数，来测度数字产业化和产业数字化对中国省域各产业的税收贡献效应。研究表明，数字产业化和产业数字化部门通过其自身发展和带动能力为国家创造了更多税收收入，其中，产业数字化对国民经济各部门带来的税收贡献效应大于数字产业化。谷成等（2022）则以2011~2020年我国289个地级及以上城市为样本，通过建立数字经济综合发展指数来考察数字经济发展对税收收入的影响。研究结果表明，数字经济发展能够显著促进税收收入增长，且税收征管强度的增加会强化数字经济发展对税收收入的促进作用。此外，还有部分文献研究了数字经济发展对政府财政的影响。比如，邓达等（2021）以财政可持续性为切入点，研究了数字经济发展对地方财政可持续性的影响，实证研究结果表明，数字经济发展与财政可持续性之间具有显著的正向相关性，数字经济通过财政收入影响地方财政的可持续性。张伟亮和宋丽颖（2023）全面评估了数字经济对财政压力的影响，研究表明，数字经济能够显著缓解财政压力，促进财政收入和财政支出效率提高是数字经济缓解财政压力的重要机制。

杨杨等（2022）通过分析 2011～2019 年我国各省份数字经济核心产业增加值及其对应税收发现，由于数字经济背景下传统的税收管辖权受到冲击、税收征管难度加大等问题，我国区域间税收和税源背离问题依然存在。冯秀娟等（2021）则以数字产业化和产业数字化为切入点，探究了数字经济发展对我国税收贡献度的影响，结果表明，和数字经济迅猛发展相悖，数字经济发展对我国的税收贡献度是不足的。曹静韬和张思聪（2022）指出，数字经济快速发展对不同地区间税收收入分配带来了深刻的影响。他们通过利用我国 30 个省份 2013～2019 年的数字产业化和产业数字化相关数据建立空间杜宾模型，对数字经济的空间溢出效应及其对地区间税收收入分配影响进行实证分析发现，数字经济发展的地区不均衡和部分地区数字经济的快速发展会加大地区间税收收入差距。阿格拉瓦尔和怀尔德森（Agrawal & Wildasin，2020）则基于扩展的商品税竞争模型，分析了电子商务对税收收入的影响。研究发现，当网上购物的成本下降时，在大型核心司法管辖区，均衡税率和税收收入会下降，但在小型外围管辖区均衡税率和税收收入会增加，从而减少了税收差异。解垩和孟婷（2022）在探讨数字经济对税收增长的影响及其作用机制时指出，一般而言，税收努力对税收增长有着显著的促进作用，但是数字经济对税收努力的影响可能表现为正向促进或负向抑制，因此数字经济对税收增长的影响同样也存在两种可能。

1.2.3.2　数字经济背景下税收治理问题

数字经济创造价值的方式发生了质的变化，使得构建于工业社会基础上的税收制度出现税收利益与价值创造错配问题，进而导致全球经济治理在税收管辖、税制要素、税收分配、征管效能等方面产生了不同于传统经济时代的重要影响（马述忠和郭继文，2020；邢丽等，2022）。其中，最为典型的就是在数字经济背景下传统税收治理规则及秩序受到了严重冲击，既有税收治理的不适应性已经越发凸显，因而对税收治理模式的变革提出了新的要求（陈志勇等，2022）。正如林凯维奇（Lipniewicz，2017）所指出的，在数字经济的发展背景下，尤其是互联网的广泛使用，为纳税人不履行（或不部分履行）纳税义务创造了有利条件，这也是世界上大多数国家税务机关在税收治理过程中所必须面对的新风险。谢洛门采夫（Shelomentsev，2020）甚至认为，学术界对于"数字经济"这一问题之所以产生浓厚的兴趣，是由于不同问题的出现。同样，在税收管理方面，不仅表现在预算补充和税收调控方面，更表现在税务机关和纳税人之间通过实施新的数字技术而产生的关系。因而，为了缓解数字经济发展和传统税收治理规则及秩序间的不匹配、不适应问题，各国政府和国际组织都致力于构建新的国际税收规则，从而应对数字经济发展为全球税收治理所带来的挑战（毛恩荣，2021）。其中，由 G20 作政治背书、OECD 主导构建的数字经济税收包容性框架成为全球共识性基础最强的一种合作方案。但是，由于各国诉求不同，因此，毛恩荣等（2021）指出，数字经济全球税收治理表现出明显的内卷化特征，即面对数字经济发展为全球税收治理及国际税收秩序带来的挑战和冲击，全球税收治理主体持续不断地投入政治经济资源，以期重塑现有的国际税收规则，维护国际税收秩序，但因缺乏共识、无序竞争、税基侵蚀等原因会造成经济资源的"内卷投入"以及税收利益的"无谓损失"。

国内部分学者还基于不同视角针对这一问题展开了研究。比如，赵涛（2019）以共享经济为切入点，在对目前各国出台的有关共享经济税收管理的措施进行全面介绍与分析的基础上，结合我国共享经济的实际发展现状，从打造"互联网＋税务"行动计划升级版、加强互联网平台治理、推进以信用为载体的新型监管机制、完善多边情报交换与征管互助机制四个方面提出相关政策建议。周志波等（2022）则基于社会学的视角，在考察了国际组织和部分国家应对数字经济税收挑战、磋商新的税收规则后指出，未来构建数字经济全球税收治理新秩序，根本之道在于破除数字经济征税规则重塑中的差序格局现象，跨越国家圈子现象，超越国家利益考量，基于大共识完善包容性制度框架，构建共建共治共享的数字经济全球税收治理共同体。王雍君和王冉冉（2022）认为，除了恢复税收原则的有效性外，数字经济税收治理还应涉及尊重和保障财政自立性这一重大主题。因此，把解决纳税地点与财政体制的兼容问题作为税收治理的一个中心主题对待，既是适当的，也是迫切的。杨庆（2020）结合数字经济的基本特征和税收治理的实际，通过分析新业态、新经济和新模式所带来的新挑战，研究包括税务机关在内的治理理念、方式、技术以及组织的变革路径，指出目前在我国推进税收治理体系和治理能力的现代化进程中，应加快税收监管工作数字化转型的实践策略。

1.2.3.3 数字经济背景下税收征管问题

数字技术的出现和信息流动性的增强导致整个经济正在发生根本性、快速的变化。其中，数字经济背景下税收征管同样面临着新的环境。赵涛（2020）通过对各国近年来税收实践的梳理，发现目前世界范围内税收征管呈现出三大趋势：一是各国税务机关积极探索数字技术的使用，提高税收征管效率及服务水平；二是各国关注新兴商业模式所带来的税收风险，并进行重点防范；三是税务机关重视与三方机构的合作，发挥统筹协调作用。可见，数字经济的快速发展给传统税收规则及管控模式带来了双重影响：一方面，数字经济发展有助于扩大税基和提高征管效率。数字经济背景下企业能够利用网络信息技术提高生产经营相关技术效率，进而降低交易成本和扩大交易规模，理论上扩大了总体税基；同时，税务机关能够利用企业电子发票、区块链技术等实现全国纳税人的数据轨迹查询分析，进而提高税收征管效率。另一方面，数字经济的发展同时也对现有的税收征管制度提出了挑战（白彦锋和岳童，2021）。

目前，以数字技术为依托的新型商业模式对传统税收征管模式带来了挑战，正如胡连强等（2019）所指出的，目前数字经济对课税主体的界定提出挑战，对国际税收课税规则形成冲击，对涉税信息获取提出新要求，也对税收征管模式提出新课题。另外，学者们同样也从不同角度来分析了数字经济发展给税收征管带来的挑战。比如，任超然（2018）在构建基于区块链的税收征管模型的基础上，分析了企业信用链交易链中税收征管的具体应用后，提出了区块链技术的应用对税收征管工作带来的挑战及应对。王劲杨（2019）通过对美国跨州销售税数字化征管手段的分析和研究，探究了在数字经济背景下我国构建跨境交易的增值税数字化征管手段的切实性方案。王宝顺等（2019）从常设机构视角分析了数字经济对国际税收征管的影响机制，并就我国在数字经济背景下加强国际税收征管提出了政策建议。马敏（2019）则以"互联网＋税务"改变税收征纳关系结构流向为基础，分析了税收征管需求端以及供给端自身发展及其所引发的税收征纳关系。王敏等（2021）分析了中国—东盟跨境数字商务税收征管面临的诸多关键命题。基于此，学者们提出如下建议：第一，完善数字经济相关税收制度，构建新型数字税制体系（胡连强，2019；袁娇等，2021）。第二，推进适应数字化的税收征管法治建设，持续改进税收征管的顶层设计（赵涛，2020）。第三，充分发挥大数据技术、人工智能软件、数据可视化工具等先进技术和工具在税收征管中的作用，以更好地应对数字经济发展对税收征管所带来的挑战（Levin-Epstein，2015；Zatsarinnyy & Shabanov，2019）。第四，加强国际交流与合作以提升我国的话语权（李香菊等，2020）。

1.2.4　文献述评

通过梳理相关文献发现，国内外学者、研究机构以及国际组织围绕数字经济相关问题展开了一系列研究，并取得了初步研究进展，这为本书的研究奠定了一定的基础。一方面，学者们、研究机构以及国际组织在测度数字经济规模方面进行了一系列探索与尝试，并取得了丰富研究成果，这为本书的研究奠定了坚实的基础。另一方面，对于数字经济税收相关问题，学者们从不同视角展开了研究，这为本书研究数字经济发展对税收收入的影响提供了方向与指引。但是，目前学术界对于数字经济方面的研究还处于初步探索阶段，尤其是在数字经济税收相关问题方面还存在以下几个方面的不足。

第一，研究数字经济发展对税收收入的影响及影响机制的文献还相对较少。目前，关于数字经济税收相关问题的研究主要集中在三个方面：数字经济对税收收入的影响、数字经济背景下税收治理以及税收征管问题。其中，针对数字经济发展对税收收入影响的研究，主要是围绕数字经济发展对地方税收收入、税收贡献、税收收入分配、地方财政可持续性等问题展开分析，而对于数字经济发展对税收收入的影响及影响机制的研究仍较为欠缺。

第二，通过实证分析法探究数字产业化以及产业数字化发展对税收收入的影响及影响机制的文献还相对较少。数字产业化和产业数字化是数字经济发展的核心内容，随着数字产业化以及产业数字化的深入发展，数字经济已经逐渐成为国民经济的重要组成部分。在数字经济和实体经济深度融合的过程中，数字产业化和产业数字化分别会对税收收入产生何种影响，以及分别通过何种机制影响税收收入，目前学术界对于这方面的研究还相对较少，尤其鲜有文献通过实证分析法研究这一问题。

1.3　研究内容与方法

在现有研究的基础上，明确我国数字经济发展对税收收入影响的研究内容和研究方法，并绘制技术路径图。

1.3.1　研究内容

本书考察了我国数字经济发展对税收收入的影响问题。通过构建数字经济发展指标体系，在测度 2011 ~ 2019 年我国 29 个省份数字经济发展水平综合指数的基础上，深入剖析了数字经济发展水平的时空演变特征，并通过实证分析法考察数字经济发展水平对税收收入的影响及作用机制①。再在测算我国数字产业化规模以及产业数字化规模的基础上，通过建立计量模型分别考察数字产业化和产业数字化发展对税收收入的影响及影响机制。本书旨在通过对这一问题的分析，能够为提高数字经济的税收贡献度，进而完善数字经济相关税收制度提供一定的政策启发。具体而言，本书主要内容

---

① 由于相关数据限制，本书中的数据均不包括西藏、青海以及中国香港、澳门、台湾地区。

如下。

第一部分，阐述理论基础和影响机制。在对数字经济、数字产业化、产业数字化和数据的基本概念进行界定的基础上，基于创新经济学理论、全要素生产率理论以及内生经济增长理论，深入剖析在数字经济时代，数据要素如何推动经济增长，进而提高税收收入。再在相关理论的基础上，分别阐明数字经济、数字产业化以及产业数字化发展对税收收入影响的作用机制。

第二部分，测度数字经济发展水平并分析其时空演变特征。在对 2011～2019 年各省份数字经济发展水平综合指数进行测算的基础上，运用 Kernel 核密度估计法、Dagum 基尼系数及分解法研究我国数字经济发展水平的动态特征以及地区间数字经济发展水平差异的成因，并采用描述性统计分析法、Moran 指数法探究我国数字经济发展水平的空间异质性和空间相关性。

第三部分，研究数字经济发展水平对税收收入的影响。运用双向固定效应方法，构建数字经济发展水平对税收收入影响的基准回归模型、影响机制模型、调节效应模型，实证分析 2011～2019 年我国数字经济发展水平对税收收入的影响，以及数字经济发展水平在不同产业税收收入、不同税种以及不同分位点之间的异质性特征；并以产业结构高级化指标作为机制变量，通过机制分析法检验数字经济发展水平对税收收入的影响机制；再以工业化程度作为调节变量，通过构建调节效应模型分析工业化程度在数字经济发展水平对税收收入影响中的调节作用；最后通过构建空间计量模型进一步检验数字经济发展水平对税收收入影响的空间特征。

第四部分，探究数字产业化发展对税收收入的影响。在测算我国数字产业化规模的基础上，运用双向固定效应方法，构建数字产业化发展对税收收入影响的基准回归模型、中介效应模型，实证分析 2011～2019 年我国数字产业化发展对税收收入的影响，并以产业结构高级化指标作为中介变量，运用逐步回归法考察数字产业化发展对税收收入影响的作用机制；最后分析数字产业化发展在不同地区、工业化程度以及不同税种之间的异质性特征。

第五部分，分析产业数字化发展对税收收入的影响。在测算我国产业数字化规模的基础上，运用双向固定效应方法，构建产业数字化发展对税收收入影响的基准回归模型、影响机制模型，实证检验 2011～2019 年我国产业数字化发展对税收收入的影响，并以地区全要素生产率指标作为机制变量，通过机制分析法考察产业数字化发展对税收收入的影响机制；最后探究产业数字化发展在不同地区、不同政府干预程度以及不同税种之间的异质性特征。

第六部分，总结研究结论并提出政策建议。在总结本书主要研究结论的基础上，基于运用税收政策，从深入推进新型工业化建设，推动数字产业化和产业数字化协调发展；不断优化现行税收制度，为税收收入增长奠定制度基础；制定促进数字经济协调发展的区域性税收扶持政策，缩小地区间"数字鸿沟"；推动数字经济和传统经济深度融合，加速产业结构高级化演变四个方面提出具有针对性的意见和建议。

本书的技术路径如图 1－1 所示。

1.3.2 研究方法

第一，文献研究法。通过梳理国内外相关的文献资料，深入了解与数字经济相关的理论前沿以及学术动态。并从数字经济概念界定及内涵、数字经济规模测算、数字经济税收问题相关研究三个层面展开综述，以期为本书奠定一定的研究基础。

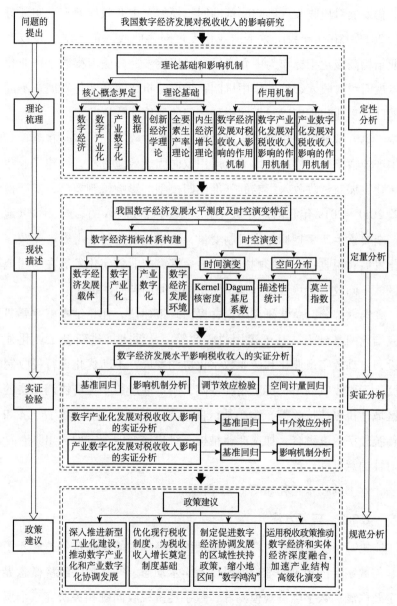

图 1-1　本书的技术路径

第二，规范研究法。基于国内外研究现状，深入剖析数字经济发展对税收收入影响的作用机制。在测度我国各省份数字经济发展水平综合指数的基础上，分析数字经济发展状况，并提出相关研究假设，再利用计量模型对研究假设进行验证，进而分析我国数字经济发展水平对税收收入的影响，最后形成科学合理的研究结论。

第三，实证研究法。在测算我国各省份数字经济发展水平综合指数的基础上，采用 Kernel 核密度估计法、Dagum 基尼系数及分解法、描述性统计分析法、Moran 指数法等方法进行实证分析，研究我国数字经济发展水平的时空演变特征。此外，为了探究数字经济发展水平、数字产业化以及产业数字化发展对税收收入的影响及作用机制，利用双固定效应检验、工具变量法、机制分析法、中介效应检验、调节效应检验、空间计量回归、强度双重差分等方法进行实证分析，为制定提高数字经济的税收贡献度、完善相关税收制度的政策建议提供实证依据。

1.4 创新与不足

在借鉴现有研究的基础上，本书对我国数字经济发展与税收收入之间的关系进行了研究，并剖析了数字产业化以及产业数字化发展对税收收入的影响及作用机制。但是，由于受到部分主观因素以及客观因素的限制，仍然存在较多不足之处。

1.4.1 创新之处

第一，研究我国数字经济发展水平对税收收入的影响机制。本书首先通过构建数字经济发展指标体系，在对数字经济发展水平综合指数进行测算的基础上，研究我国数字经济发展水平的时空演变特征。其次，数字经济发展水平提高税收收入，是通过促进产业结构高级化实现的；并且，工业化程度的提高在数字经济发展水平对税收收入的影响中发挥着正向调节效应。因此，本书立足于现有研究基础，通过实证分析法对数字经济发展水平对税收收入的影响机制进行检验。

第二，剖析数字产业化发展对税收收入的影响及作用机制。本书以电子信息制造业营业收入、软件业务收入以及电信业务总量之和来衡量数字产业化规模，在此基础上通过实证分析法检验数字产业化发展对税收收入的影响。此外，数字产业化发展促进税收收入增长，是通过作用于产业结构高级化实现的。因此，本书在从理论层面分析三者之间关系的基础上，通过实证分析法对这一影响机制加以检验。

第三，在测度产业数字化规模的基础上，分析产业数字化发展对税收收入的影响及作用机制。本书采用永续盘存法对我国产业数字化规模进行测算，以分行业的 ICT 资本存量近似代替产业数字化规模，在此基础上通过实证分析法检验产业数字化发展对税收收入的影响。此外，产业数字化发展促进税收收入增长，是通过作用于地区全要素生产率实现的。因此，本书在理论分析产业数字化发展、地区全要素生产率以及税收收入三者之间关系的基础上，通过实证分析法对这一影响机制加以检验。

1.4.2　不足之处

第一，未分析 2019 年以后数字经济发展状况及其对税收收入的影响。受新冠疫情的影响，较多省份 2020 年相关数据出现了较大波动，因此本书只分析了 2011～2019 年我国数字经济发展状况及其对税收收入的影响，还有待今后展开进一步深入研究。

第二，数字经济发展水平指标体系的完整性有待进一步提高。

本书通过构建数字经济发展水平指标体系对我国数字经济发展状况进行观测和反映。但是，由于数字经济发展辐射范围较广，还存在较多难以量化的指标，并且囿于数据限制，本书无法将所有反映数字经济发展状况的指标都包含在内，因此数字经济发展水平指标体系的完整性有待进一步提高，这可能也会导致本书测算出来的数字经济发展状况和真实的数字经济发展水平之间存在一定的偏差。

第三，数字产业化规模存在一定程度的低估。由于互联网行业相关数据无法获取，因此本书在计算数字产业化规模时未考虑互联网行业，这就导致数字产业化规模存在一定程度的低估。

| 第 2 章 |

理论基础和影响机制

在数字经济时代，数据和劳动、资本、技术等共同成为新的生产要素，同时也是数字经济发展的核心要素。着力发展数字经济，推动数字产业化以及产业数字化转型是我国实现经济发展方式转变、经济结构优化、增长动能转换的一项重要综合性措施。

2.1 核心概念界定

在研究数字经济发展对税收收入的影响这一问题之前，应该明确数字经济、数字产业化、产业数字化以及数据的相关概念并对其内涵进行界定。

2.1.1 数字经济

数字经济是指以基础设施建设为基础，以数字化产业的发展为支撑，以产业数字化的深度融合为重点，在数字经济发展环境的良好保障中，不断拓展数字经济的融合广度和深度（王军等，2021）。其中，数字经济主要包括数字产业化和产业数字化两个部分，推动数字经济健康稳定良好发展的关键在于数字产业化和产业数字化的协同融合。

2.1.2　数字产业化

数字产业化即数字技术创新和数字产品生产，主要指信息通信产业，包括计算机通信和其他电子设备制造业、电信广播电视和卫星传输服务、互联网和相关服务、软件和信息技术服务业等。本书的数字产业化为前文所述的狭义的数字产业化概念。

2.1.3　产业数字化

产业数字化即传统产业由于应用数字技术以及数据资源所带来的产出增加和生产效率提升，其新增产出部分即为产业数字化范畴。

2.1.4　数据

广义的"数据"是指基于测算和统计产生的可以用于计算、讨论以及决策的事实或信息；而在数字经济时代，作为新型生产要素的狭义的"数据"是指被编码为二进制"0""1"字符串，以比特形式被计算机设备进行存储及处理的信息（Farboodi & Veldkamp，2021）。从内涵来看，不论是广义还是狭义的"数据"都被看作是一种信息，在数字经济背景下，数据要素即数字化的知识和信息。

2.2　相关理论基础

2.2.1　创新经济学理论

创新经济学主要研究创新的资源配置及其产生的经济效果问题。1921 年，奥地利经济学家约瑟夫·熊彼特在其著作《经济发展理论》中，首度提出了创新的基本概念和主要思想，并将创新视作现代经济增长的动力及源泉。随后，熊彼特又分别在 1934 年和 1942 年出版的《经济周期》和《资本主义、社会主义和民主主义》两部著作中，对创新理论进行补充完善，逐渐形成了以创新理论为基础的创新经济学理论体系。熊彼特在经济学领域研究创新理论，主要是将创新和企业生产相联系，突出强调企业家的重要性，建立了最初的创新经济学理论体系，为后人深入研究奠定了成熟的理论基础。熊彼特的追随者将其创新经济学理论发展成了当代西方经济学的两个重要理论分支：一个是技术创新理论，主要以技术变革和技术扩散作为研究对象；另一个是制度创新理论，主要以组织变革和制度创新作为研究对象。

熊彼特的创新经济学理论内容主要包括：第一，从生产函数出发，研究生产要素和生产条件变化实现的新组合，其创新概念主要强调实现创新的新组合是从旧组合中通过小步骤地不断调整而产生的。这种新组合主要包括以下几种情况：一是采用消费者还不熟悉的新产品，或者新性能；二是采用新的生产方式；三是开拓新的市场；四是开拓新原料或者半成品供应基地；五是采用新的组织形式。第二，创新是企业家对生产要素的新组合，即企业家把一种从来没有过的生产要素和生产条件的新组合引入至生产体系中，从而实现经济发展的动态性和循环性。第三，创新是一个创新者、模仿者、改进者互相竞争和蚕食的过程，这个过程同时也是创新发展和成熟的过程。第四，创新是一种"创造性毁灭"，创新在生产要素重新组合的同时也会淘汰一批企业，因而创新既是创造又是毁灭。第五，创新是经济增长的动力源泉，只有不断地进行创新，才能保证经济持续不断地发展。

生产力发展是人类社会发展的决定性力量，每一次社会经济形态的变革，都会伴随着新的生产要素出现，进而带动社会生产力的快速提升，新生产要素的确立通常也是技术革命的产物。在农业社会，土地、劳动力是最基本的生产要素。进入工业社会，资本、技术、知识、管理等成为主要生产要素，极大地推动了社会生产力的提升以及人类社会的进步发展。在数字经济时代，数据和劳动、资本、技术等共同成为新的生产要素，同时也是数字经济发展的核心要素。数据要素对于生产、流通、分配、消费以及社会运行机制、社会生产和生活方式、国家治理模式等都产生了重要影响。党的十九届四中全会发布的《中共中央关于坚持和完善中国特色社会主义制度　推进国家治理体系和治理能力现代化若干重大问题的决定》中，将"数据"增列为新的生产要素。这也意味着随着经济活动数字化转型的加快，数据作为先进生产力对于提高生产效率具有十分重要的作用。

数据要素具有非竞争性、非排他性（部分排他性）、外部性、易于复制性、即时性等特点（蔡跃洲和马文君，2021）。数据要素的广泛应用及其与传统生产要素的深度融合，能够不断催生出新产品、新服务、新模式、新业态，从而促进数字经济快速发展，为推动经济增长并提高税收收入提供源源不断的动力。此外，数据要素和数字技术具有不可分割性，数据要素使用得越多，数字技术的外溢性也就越强，这就使得数据要素具有向生产过程全面渗透的驱动力，成为推动技术进步，进而促进经济增长、提高税收收入的重要力量。相应地，数字技术在各领域的渗透效应也会带来以数据要素为核心的新型生产资料的普及（张新春，2021），进而改变经济运行方式，加速经济增长，促进税收收入的提高。

2.2.2 全要素生产率理论

经济增长理论最基本的定理是：为了维持长期内人均产出的增长率为正，必须有以新产品、新市场或者新工艺为形式的技术知识方面的持续进步。

全要素生产率，也称为技术进步率，来源于学者廷伯根（Tinbergen，1942），他将时间趋势纳入柯布－道格拉斯生产函数，用于反映"效率"水平。1954年，希朗·戴维斯在《生产率核算》中首次界定了全要素生产率的概念。20世纪50年代，诺贝尔经济学奖获得者罗伯特·M.索洛（Robert Merton Solow）提出了具有规模报酬不变性质的总量生产函数以及增长方程，形成了通常所说的全要素生产率含义，对全要素生产率的测算作出了巨大贡献。他指出全要素生产率是由纯技术进步而产生的，纯技术进步主要包括知识、教育、培训、规模经济、管理等方面的改善，但还不能具体化为，或不能归因于，有形的效率更高的资本设备、技巧更高的劳动、肥效更大的土地等生产要素的增加投入量。由此可见，全要素生产率是指全部生产要素的投入量都不变时，产出量仍然能够增加的部分（石枕，1988）。

全要素生产率是经济增长的动力，全要素生产率的增长的计算，是以传统的柯布－道格拉斯生产函数为依据，生产函数形式为：

$$Y(t) = Af(K(t), L(t)) = AK^{\alpha}(t)L^{\beta}(t) \qquad (2-1)$$

其中，$Y(t)$ 表示产出水平，A 表示综合技术水平，$K(t)$ 表示资本要素投入，$L(t)$ 表示劳动力要素投入，α 表示资本产出的弹性系数，β 表示劳动力产出的弹性系数。这一生产函数具备以下两个特点：一是规模报酬不变，假定生产函数（2-1）为线性齐次，则

$\alpha + \beta = 1$；二是要素的边际报酬递减，即当某一种生产要素的投入量保持不变时，另外一种要素的边际产出会随着投入量的增加而减少。

对式（2-1）两边同时取对数，并求全微分可以得到经济增长率：

$$\frac{\mathrm{d}Y_t}{Y_t} = \frac{\mathrm{d}A_t}{A_t} + \alpha\frac{\mathrm{d}K_t}{K_t} + (1-\alpha)\frac{\mathrm{d}L_t}{L_t} \qquad (2-2)$$

其中，$\frac{\mathrm{d}Y_t}{Y_t}$ 表示经济增长率，$\frac{\mathrm{d}K_t}{K_t}$ 表示资本要素投入量的增长率，$\frac{\mathrm{d}L_t}{L_t}$ 表示劳动要素投入量的增长率，$\frac{\mathrm{d}A_t}{A_t}$ 表示未具体化的纯技术增长率，也即全要素生产率的增长。由此可见，全要素生产率增长的计算公式为：

$$\frac{\mathrm{d}A_t}{A_t} = \frac{\mathrm{d}Y_t}{Y_t} - \alpha\frac{\mathrm{d}K_t}{K_t} - (1-\alpha)\frac{\mathrm{d}L_t}{L_t} \qquad (2-3)$$

可以看出，在索洛模型中，经济增长率决定于资本要素增长率、劳动要素增长率以及全要素生产率的增长率（索洛余值）。由于受到资源稀缺性的制约，资本和劳动要素的增长率会因此而受到限制，由此索洛指出全要素生产率才是推动经济增长率持续增加的唯一来源，并将全要素生产率理解为使用新工艺或者新发明所带来的技术进步。但在现实情况下，除了技术进步以外，全要素生产率还包括规模经济、效率改善等因素。此外，索洛余值在计算上是指除去劳动、资本、土地等要素投入后的"余值"，由于"余值"还包括未识别带来增长的因素、概念上的差异以及度量上的误差，因此它只能相对衡量效益改善以及技术进步的水平。因此，法雷尔（Farrell，1957）遵循以生产前沿面为基准的相对效率测算思路，将全要素生产率分解为纯技术进步以及技术使用效率。其中，纯技术进步是指相同投入在不同时期的最优产出变化，新技术和新业态的产生都有助于推动社会的纯技术进步；而技术使用效率反映了既有资源的使用及配置情况。

数字经济是基于数字技术而产生的经济活动的统称，数字经济的发展主要依托于移动互联网、云计算、大数据等新一代数字技术的快速更新。数字技术深入发展进而提高全要素生产率的增长，主要是通过推动技术创新和纯技术进步，以及促进技术效率提升实现的。具体而言，一方面，数字技术作为重要的技术创新和技术进步，其本身就是促进全要素生产率提高的一种方式；另一方面，数字技术所具有的协同性、渗透性特征能够带动传统要素生产效率提升（张焱，2021），通过促进要素配置和提高要素使用效率来推动全要素生产率的增长。足以见得，数字技术深入发展，能够通过提高全要素生产率的增长来促进产出增加，进而提高税收收入。

2.2.3　内生经济增长理论

内生经济增长理论最早可追溯至 1962 年阿罗（Arrow）《干中学的经济效应》（*The Economic Implication of Learning by Doing*）的研究中，他指出技术进步来自某种知识或技能水平的提升，这为内生经济增长理论奠定了最初的研究基础。内生经济增长理论是由美国经济学家保罗·罗默（Paul M. Romer）以及罗伯特·卢卡斯（Robert E. Lucas）在 20 世纪 80 年代提出的，也被称为"新经济增长理论""后新古典内生经济增长理论"和"新的新古典增长理论"，该理论是新古典经济增长理论的继承与延伸。内生经济增长理论放宽了新古典经济增长理论的假设条件，并将技术进步、人力资本等变量视为内生变量，强调技术进步、知识积累、人力资本对经济增长的促进作用，进而阐释在内生因素推动下经济持续增长的原因。此外，内生经济增长理论还解释了经济增长的内生机制问题，认为是由内生因素导致了经济增长。

在经济增长模型中，除了资本以外，唯一决定收入的变量即为"劳动效率"（A），该变量将其余两个自变量——资本存量和劳动力与一个最终产品的生产函数联系起来，劳动效率也代表了知识或者技术[①]。在数字经济时代，数据要素即数字化的知识和信息，数据要素与传统生产要素深度融合渗透，能够为经济增长培育新的增长点，进而促进经济总规模的增加。那么，知识和信息积累在这一过程中如何发挥作用？罗默（Romer，1986）在拓展内生经济增长理论的基础上，提出了知识溢出模型，他指出知识作为重要的生产要素，其本质是一种内生变量，且知识以及技术进步是经济增长的源泉。本节以罗默、格罗斯曼和赫普曼（Grossman & Helpman）、阿吉翁和豪伊特（Aghion & Howitt）等学者所建立的研发与增长模型的简化形式来说明这一过程。

为了将知识积累纳入模型，需要在经济中单独引入一个生产新知识的部门，并刻画资源如何在传统生产部门和新的研发部门之间进行分配，以及投入到研发的生产要素如何生产出新知识。与其他模型相类似，本模型同样包括劳动力（L）、资本（K）、知识（A）以及产出（Y）四个变量，模型中的时间 t 是连续变量。由此，经济中就分别存在通过生产得到产出的产品生产部门，以及使得知识存量增加的研发部门两个部门。那么，在劳动力中有 a_L 的比例用

---

① 在 2.2.3 的分析中，A 表示知识。

于研发部门，$1-a_L$ 的比例则用于产品生产部门。同样地，在资本存量中有 a_K 的比例用于研发部门，其余则用于产品生产部门。其中，a_L 与 a_K 都是外生且保持不变的。另外，由于想法或知识均为非竞争性的，即在一些场合使用并不会导致它们无法用于其他场合，因而知识存量 A 被研发部门和产品生产部门全部使用（戴维·罗默，2014）。

那么，在时刻 t 生产的产出量为：

$$Y(t) = \left[(1-a_K)K(t)\right]^{\alpha}\left[A(t)(1-a_L)L(t)\right]^{1-\alpha}, 0 < \alpha < 1 \tag{2-4}$$

式（2-4）表明，在既定的技术水平下，双倍投入能够生产出双倍产出，也即资本以及劳动力是规模报酬不变的。

在该模型中，新知识的生产是由用于研究的资本和劳动力的数量以及技术水平来决定的。由于假定了广义的柯布-道格拉斯生产函数，于是可得以下方程：

$$\dot{A}(t) = B\left[a_K K(t)\right]^{\beta}\left[a_L L(t)\right]^{\gamma}A(t)^{\theta}, B > 0, \beta \geqslant 0, \gamma \geqslant 0 \tag{2-5}$$

其中，B 为转换参数。

在该模型中，储蓄率是外生不变的。另外，为了便于分析，假设折旧率为 0。由此可得：

$$\dot{K}(t) = sY(t) \tag{2-6}$$

在该模型中，人口增长率也为外生变量，且为了简单起见，不考虑人口增长率为负的情形。这就表明：

$$\dot{L}(t) = nL(t) \tag{2-7}$$

最后，假设 A、K、L 的初始水平都是已知的且严格为正。

由于该模型中存在两个具有内生性状态的变量，即 K 和 A，为了简单起见，本节分析没有资本的情况，即 α 和 β 为零的特殊情形，该情形能够展现内生经济增长理论模型的大部分核心思想。

当模型中没有资本时，产品的生产函数方程（2-4）变为：

$$Y(t) = A(t)(1 - a_L)L(t) \qquad (2-8)$$

类似地，新知识的生产函数方程（2-5）变为：

$$\dot{A}(t) = B[a_L L(t)]^{\gamma} A(t)^{\theta} \qquad (2-9)$$

人口增长由式（2-7）表示。

在式（2-8）中，工人的平均产出量和 A 是成正比的，因而平均产量的增长率与 A 的增长率相等。所以应该重点关注由式（2-5）所表示的 A 的动态学。该方程表明，A 的增长率 g_A 为：

$$g_A(t) = \frac{\dot{A}(t)}{A(t)} = B a_L^{\gamma} L(t)^{\gamma} A(t)^{\theta-1} \qquad (2-10)$$

对式（2-10）两端同时取自然对数，并求时间的导数就能得到 g_A 增长率的表达方程，也即 A 的增长率：

$$\dot{g}_A(t) = g_A(t)[\gamma n + (\theta - 1)g_A(t)] \qquad (2-11)$$

其中，当 $\theta < 1$ 时，若 g_A 值相对较小，那么 $\dot{g}_A(t)$ 大于零；若 g_A 值相对较大，则 $\dot{g}_A(t)$ 小于零。令 g_A^* 表示使得 $\dot{g}_A$ 为零的唯一 g_A 值。由式（2-11）可知，g_A^* 由 $\gamma n + (\theta - 1)g_A^* = 0$ 确定。求解该式可得：

$$g_A^* = \frac{\gamma}{1 - \theta} n \qquad (2-12)$$

上述分析表明，不论经济的初始条件如何，g_A 总是收敛于 g_A^*。其中，当 $\theta > 1$ 时，对于所有可能的 g_A 值，$\dot{g}_A$ 均为正，而且 $\dot{g}_A$ 随着 g_A 而递增。

当 $\theta = 1$ 时，现存知识的生产能力恰好能够使得生产出的新知识和知识存量成比例。由此，g_A 与 $\dot{g}_A$ 的表达式可以简化为：

$$g_A(t) = Ba_L^{\gamma}L(t)^{\gamma} \qquad (2-13)$$

$$\dot{g}_A(t) = g_A(t)[\gamma n + (\theta - 1)g_A(t)] \qquad (2-14)$$

可以看出，若人口增长为正，则 g_A 随时间而增加；若人口增长等于零，那么无论初始条件如何，g_A 均为常数。由此一来，经济中便不再存在向平衡增长路径调整的过程，而是不论始于何处均能够立刻出现经济的平稳增长。此外，从式（2-8）和式（2-14）可以看出，此时知识、产出、工人的平均产出增长率都等于 $Ba_L^{\gamma}L^{\gamma}$，那么 a_L 将影响经济的长期增长。

由于这个经济中的产品只能用于消费，那么可以认为经济中的产品在每一期都被全部消费。社会资源中用于生产当前消费品的比例用 $1-a_L$ 表示，用于生产对未来生产有用的产品（即知识）的比例则用 a_L 表示，也可以将其看作经济的储蓄率。由此，可以将 $\theta = 1$ 且 $n = 0$ 的情况作为分析储蓄率影响长期经济增长的一种形式，该模型即线性增长模型（也被称为 AK 模型）。AK 模型的生产函数为线性函数形式：

$$Y(t) = AK(t) \qquad (2-15)$$

其中，A 表示资本边际收益。可见资本边际收益不存在递减的状况，这也正是该模型能够使得经济增长内生的原因。劳动力 $L(t)$ 的增长为：

$$\frac{\dot{L}(t)}{L(t)} = \frac{dL(t)/d(t)}{L(t)} = n \qquad (2-16)$$

知识 $A(t)$ 的增长为：

$$\frac{\dot{A}(t)}{A(t)} = \frac{dA(t)/d(t)}{A(t)} = g \qquad (2-17)$$

其中，g 为表示技术进步率的外生参数，由于假定技术为固定的常数，因此 $g = 0$。

资本 $K(t)$ 的增长为：

$$\dot{K}(t) = \frac{dK(t)}{dK} = sY(t) - \delta K(t) \qquad (2-18)$$

其中，s 表示储蓄率，δ 表示资本折旧率，在该模型中均为外生变量。

则 AK 模型的增长路径可以表示为：

$$\dot{K}(t) = sf(k(t)) - (n+\delta)k(t) \qquad (2-19)$$

当实现均衡时，$\dot{k}(t) = 0$，由此可得：

$$sf(k^{**}(t)) = (n+\delta)k^{**}(t) \qquad (2-20)$$

在 AK 模型中，平衡增长路径上消费的增长速度等于资本的增长速度，经济增长速度是储蓄率的函数，并且和资本边际产出率 A 呈正相关关系，和折旧率 δ 呈负相关关系。此外，在该模型中，不存在动态过渡，对于任意给定的初始资本存量，经济都处于平衡增长路径上。

内生经济增长理论认为，知识积累、人力资本积累等方式实现的内生技术进步是经济增长的源泉。在内生经济增长理论模型中，知识也是内生生产要素，来自厂商追求利润最大化的投资决策，并且知识具有递增的边际生产率，能够和投资形成良性的互促关系，进而使得总规模收益递增，为经济增长提供长久的动力源泉（刘家旗，2022）。在数字经济背景下，当数据这一数字化的知识和信息与资本、劳动力等传统生产要素共同成为推动数字经济发展的重要因素时，一方面，将会通过促进创新过程的发展和技术的使用来加速经济增长，从而提高税收收入；另一方面，在数据要素和其他生产要素的结合过程中，能够带动其他生产要素效率提升和实现价值创造，使其呈现出边际报酬递增规律，进而有效降低传统生产要素成本，提升产品生产效率，推动综合生产力的提高并促进税收收入增长（蔡继明，2022）。

2.3 数字经济发展对税收收入的影响机制

2.3.1 数字经济发展对税收收入影响的作用机制

2.3.1.1 数字经济发展对税收收入的影响

数字经济发展对税收收入的影响主要包括收入效应、地区间转移效应和流失效应。

收入效应主要表现为数字经济深入发展能够推动经济增长，进而促进税收收入提高。一是数据是数字经济时代不可或缺的生产要素，数据要素具有非竞争性、非排他性以及无限性等特征，所有微观主体都能够平等地享受数字经济发展红利，从而提高数字经济规模，促进税收收入增长。二是数据要素的特征使得数字经济呈现出边际收益递增以及边际成本递减的特点。一方面，数据要素具有边际收益递增的特点，这就导致数字经济也呈现出边际收益递增规律。传统经济理论假定资源是稀缺的，在技术水平以及其他生产要素供给不变的前提下，要素边际收益呈递减的特性。而数据要素的特殊性质，使其打破了资源有限性对经济增长的限制，进而使得边际收益随着数据要素的增加而递增。这就意味着谁拥有更多的信息数据，谁就拥有更多的竞争优势（史丹，2022）。另一方面，数据要素呈现出边际成本递减的特征，供给量越多价格可能越低，这就使得数字经济的供给曲线呈现出与传统经济不同的特点，其供给曲线是向右下方倾斜的。在传统经济理论中，价格和需求量正相关，和供给量负相关，均衡地产生源自负反馈的自我调整机制；而在数字经济条件下，由于知识具有溢出效应，技术具有累积效应，正反馈机制触发强者愈强的"马太效应"（王静田和付晓东，2020）。三是数据要素还具有可复制、可共享以及无限增长的特征，使得市场能够快速地捕捉供需信息，提高决策效率，从而实现裂变式指数型的经济增长。由此，数字经济发展推动经济增长，进而促进税收收入提高也会呈现出随着数字经济的深入发展而不断提高的特征。

地区间转移效应主要表现为数字经济发展使得生产和消费在地域上的非均衡分布，导致税收和税源在地区间的不匹配。数字经济发展突破了传统商业模式对中间渠道的依赖程度，摆脱了时空的限制，虽然在一定程度上有助于扩大销售范围进而提高销售收入，但同时也加速了税源的跨地区流动，导致生产地和消费地分离，加剧了税收和税源背离现象。以平台经济为例，平台经济的税源来自全国各地，但在现行增值税生产地征税原则下，税收收入却汇集到了平台企业所在地，致使平台企业所在地税收收入增加，而税源所在地税收收入萎缩，形成税收收入流入地和流出地。

流失效应主要表现为数字经济发展过程中所伴随的税收收入流失。一是数字经济不断深入发展给税收征管带来了巨大的冲击和挑战。一方面，在数字经济发展过程中存在部分业务边界区分不够清晰、业务性质判定较为模糊等问题，使得税务机关在税目、适用税率的选择上存在较大难度，给税收征管带来了挑战。另一方面，由于数字经济具有数字化、虚拟化、隐蔽性、流动性等特征，使得税务机关难以通过传统的以票控税、实体核查等方式达到税收征管的目的。二是税收优惠政策的实施一定程度上也会导致税收收入流失。部分数字经济活动主要是通过提供增值服务盈利，而增值服务适用于增值税低税率，这会在一定程度上减少税收收入。此外，税收和税源背离会引起地方政府间税收竞争，为了鼓励本地区数字经济的深入发展，不少地方政府出台了有针对性的地方性税收返还和优惠等措施，一定程度上也会导致税收收入下降。

总体而言，数字经济发展对税收收入的净效应取决于收入效应、地区间转移效应和流失效应的大小。具体来说，数据要素的特性使得数字经济发展能够显著提高经济发展质量，从而促进税收收入增长。此外，虽然数字经济发展加剧了税收和税源背离，改变了地区间税收收入分配格局，但却并未减少全国税收收入总量。并且，即使税收优惠政策的实施在短期内会导致税收收入流失，但从长期来看，推动数字经济的发展壮大，可以达到涵养税源的目的，进而促进税收收入增长。由此可见，数字经济发展能够涵养税源、扩大税基，对税收收入增长产生正向影响。

2.3.1.2 数字经济发展对税收收入的作用机制

数字经济是继农业经济、工业经济之后的主要经济形态，数字经济的发展包含着对传统农业经济以及工业经济的渗透、覆盖和创新，发展数字经济需要一定程度的工业能力积累。就传统工业经济而言，一方面，传统工业经济拥有对于数字经济而言非常重要的应用场景和数据来源，是数字经济发展的重要基础。数字经济作为一个系统的整体，其本身的发展离不开电力、能源、材料等传统工业部门的支持，传统工业部门的数字化、智能化发展能够为数字经济发展提供强有力的支撑。另一方面，传统工业经济在向先进智能制造转型升级的过程中，体现着数字经济发展的广度和深度。大数据、互联网、人工智能、区块链、5G 等数字技术在传统工业领域的广泛使用和深度融合，能够提高传统工业的全要素生产率，进而发挥数字技术对数字经济发展的放大、叠加以及倍增作用。此外，利用数据这一关键要素转变传统工业经济的生产方式，也能够促进经济提质增效升级，为经济发展注入强大动力。由此一来，在数字经济发展对税收收入的促进过程中，工业化程度的提高能够发挥正向调节作用。

此外，数字经济作为一种能够推动以劳动密集型、重工业为主的产业结构，向以技术密集型、环境友好型为主的产业结构转移的新动能，是我国产业结构由中低端向中高端迈进的重要驱动力量（陈晓东和杨晓霞，2021）。在数字技术的带动下，新知识和新技术能够超越时间和空间限制在更广泛的范围内传播和扩散，带动企业技术进步，实现经济结构优化升级，进而促进税收收入增长。新供给经济学理论认为技术进步、资本深化、劳动力增长等因素能够推动产业结构优化升级。其中，技术进步推动产业结构优化升级的内在作用机理在于：一是相对落后的技术水平导致了较低的资源配置效率，此时大量的生产要素无法适应复杂度高的工业以及服务业部门，由此一来便聚集在传统部门，使得传统部门产品价格相对较低，进而导致经济生产效率低下。但技术进步能够改进资源配置效率，资源配置效率是影响产业结构升级的重要因素之一，资源配置效率改善会使得生产要素向高级别的生产部门转移，最终，高级别的生产部门所占份额不断上升，从而促进产业结构高级化发展。二是技术进步有助于开拓新产品、新服务，并最终形成新产业、新业态，这些新产业、新业态往往都是工业或者服务业，因而技术进步能够推动产业结构优化升级。新兴的产业技术往往会超越传统产业逐渐成为产业体系中的主导产业，并且通过技术扩散、产业关联等效应带动传统产业转型升级，进而使得产业结构由低附加值向高附加值演进，产业结构由低附加值向高附加值演进的过程也即产业结构高级化过程。由此可见，数字经济发展带来的技术进步能够推动产业结构高级化发展，进而对于提高税收收入具有一定的促进作用。

2.3.2 数字产业化发展对税收收入影响的作用机制

着力发展数字经济、推动数字产业化以及产业数字化转型，是我国实现经济发展方式转变、经济结构优化、增长动能转换的一项重要综合性措施（肖远飞和周萍萍，2021）。那么，数字产业化深入发展在促进宏观经济总量增加的同时，将会如何促进税收收入增长？

从理论上来说，一方面，数字产业化发展能够形成规模经济。数字产业是具有高劳动生产率、高技术密集型和高资本密集型的产业，而且数字产业化是由于数字技术的应用而引发的新产品、新服务的变革（杜庆昊，2021），数字技术以较低的沟通成本超越了时间和空间的限制，企业能够通过扩大生产规模降低平均成本，进而提高平均利润水平，更易形成规模经济。另一方面，数字产业化发展能够形成范围经济。当企业同时生产两种产品的费用低于分别生产每种产品所需要的成本总和时，就会存在范围经济。在数字产业领域，企业基于海量的用户资源，除了出售满足大众需求的产品和服务外，还出售满足"小众"需求的产品和服务（裴长洪等，2018）。企业通过扩大多种产品销售规模，达到降低成本的目的。由此可见，数字产业化实现了规模经济和范围经济的有机结合，有利于扩大数字产业规模，降低数字企业平均成本，进而提高宏观经济总量。进一步地，数字产业与传统产业深度融合，在提高数字产业化规模的同时，一定程度上促进了经济总规模的增加，从而达到涵养税源、扩大税基的作用，正向激励税收收入增长。从这一角度而言，数字产业化发展与税收收入增长之间存在一定的"收入效应"，即数字产业化发展带来的税源增加，一定程度上促进了税收收入增长。2012~2020年，我国计算机、通信和其他电子设备制造业，电信、广播电视和卫星传输服务，互联网和相关服务，软件和信息技术服务业税收收入（以下简称"数字产业化税收收入"）之和呈不断上升态势，从2012年的3556.901亿元增加至2020年的6476.591亿元。此外，在同一时期内，数字产业化税收贡献率呈上升态势，从2012年的3.54%增加至2020年的4.20%[①]。

技术进步以及技术创新是推动产业升级的根本动力，数字经济条件下推动经济增长的主导产业为数字技术创新所带来的数字产业（史丹，2022）。数字产业化是以信息技术创新为核心，将数字化的数据、信息等转化为生产要素，通过激发要素的价值创造活力，以及依靠信息技术驱动创新，推动数字技术新产品和新服务的市场化应用，从而不断催生新产业、新业态、新产品、新服务、新模式，是以"增量"促进经济增长，以创新驱动产业结构高级化发展。数字产业化发展促进税收收入增长的作用机制可以从以下两个方面得以体现：一方面，作为国民经济核算的组成部分，数字产业的集聚发展能够直接推动经济增长，从而提高税收收入；另一方面，数字

[①] 2012~2020年，数字产业化税收收入分别为3556.90亿元、3890.83亿元、4417.98亿元、4609.89亿元、4919.44亿元、5895.05亿元、6217.76亿元、6359.10亿元、6476.59亿元；数字产业化税收贡献率依次为3.54%、3.52%、3.71%、3.69%、3.77%、4.08%、3.98%、4.02%、4.20%，其中，数字产业化税收贡献率=数字产业化税收收入/总税收收入。相关数据来源于2013~2021年《中国税务年鉴》。

产业化发展对经济的拉动作用体现为数字产业自身的技术创新所带来的规模扩张（白雪洁等，2022）。数字产业由大量的新兴产业以及高技术产业组成，云集了大数据、5G、云计算、物联网、人工智能等新一代先进技术。新一代先进技术向传统产业深度融合渗透，对传统产业进行多角度和全方位的改造，有效破除了数字产业主体之间的要素供需矛盾、弱化了数字产业主体之间经济活动的边界性并降低了数字产业主体之间联动的边际成本，使得传统产业在更大范围内享受到数字产业化溢出效应带来的红利，极大地提升了传统产业的生产力和市场竞争力，进而促进产业结构由低附加值向高附加值演进（Eapen，2012；冯素玲和许德慧，2022）。此外，数字产业化发展所引发的技术创新与技术变革，缓解了由于信息不对称所带来的资源配置效率低下等问题，能够有效降低交易成本，促进新旧动能转换，并成为推动经济增长的内生动力，可以看出，数字产业化的发展本身就是一种产业结构的高级化过程。产业结构高级化过程有助于引导生产要素流向高成长性和真正能创造价值的行业中，有利于提高资源配置效率，最终提升经济增长质量，进而正向激励税收收入增长。

2.3.3 产业数字化发展对税收收入影响的作用机制

产业数字化是将数字技术充分应用到传统产业，利用数据、新技术等生产要素对传统产业进行升级改造，进而促进产业效率提升和产出增加。在数字技术推动下，产业数字化转型能够突破传统产业经济模式以及创新产业经济形态，催生出新业态、新组织、新管理，对生产效率和产出效益的提升都具有正向的推动作用（祝合良和王春娟，2021）。产业数字化通过赋能传统产业推动经济增长，其表现形式为：一是产业数字化能够促进企业研发主体多元化，推动传统产业技术进步。二是产业数字化能够推动生产流程灵活化。传统生产要素与数字技术相结合，能够推动生产流程灵活化，催生出可组合模块化的新型制造模式，进而提升企业生产效率。三是产业数字化能够推动管理流程高效化。产业数字化转型以后，企业的组织形态、管理方式都会发生改变。四是产业数字化能够推动商业模式创新，实现消费对象精准化。基于数字技术的新商业模式极大降低了交易成本，并扩大了市场需求，通过提高消费者在产品设计、生产环节的参与度保障了产品的供给质量，从而有利于实现产品供需动态平衡，提高经济效率。此外，产业数字化快速发展减少了不同地区间供需信息的不通畅，降低了异地经营成本，使得某一地区产业数字化水平的提升也会对其他地区的经济发展和税收收入带来有利影响（曹静韬和张思聪，2022）。由此可见，产业数字化深入发展能够推动经济增长，从而提高税收收入。

全要素生产率理论指出，除了技术进步外，全要素生产率也是推动经济持续增长的重要因素。在全要素生产率理论模型中，生产率总体除去劳动、资本等要素生产率之后的余值即为全要素生产率。产业数字化发展实现了数据要素与资本、技术、劳动力等生产要素的深度融合，通过对产业链上下游全要素数字化转型、升级以及再造，优化传统生产要素配置方式，提高资源配置效率，促进全要素生产率的增加。由此可见，产业数字化的深入发展能够推动地区全要素生产率增加，进而提高税收收入。数字经济、数字产业化及产业数字化发展对税收收入影响的作用机制如图 2－1 所示。

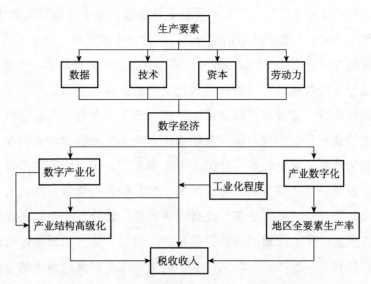

图2-1　数字经济发展对税收收入的影响机制

| 第 3 章 |

我国数字经济发展水平测度
及时空演变特征

近年来，数字经济呈蓬勃发展态势，通过赋能传统产业转型升级和培育新经济业态，为我国经济高质量发展注入强劲动能，并不断成为驱动经济增长以及推动社会进步的战略性支柱力量。因此，应把握数字经济发展趋势，统筹区域协调发展，缩小"数字鸿沟"，培育新质生产力，进而为我国经济高质量发展提供新引擎。

3.1 我国数字经济发展水平测度

数字经济发展涉及的领域较为广泛、产出形式也较为多元化，不能通过单一指标来反映数字经济发展水平，需要建立一套综合性评价指标体系对其进行量化评估。

3.1.1 数字经济指标体系构建

3.1.1.1 指标体系建立

遵循全面性、代表性、科学性、数据可获得性等构建指标体系的基本原则，借鉴王军等（2021）的做法，本书将数字经济发展水平分解为数字经济发展载体、数字产业化、产业数字化、数字经济发展环境 4 个维度，选取 14 个指标构建数字经济发展水平指标体系。其中，就数字经济发展载体而言，参考王军等（2021）、刘军等（2020）的研究，选取人均拥有域名数、人均拥有网页数、人均互联网宽带接入端口数、人均互联网宽带接入用户数、互联网普及率、人均光缆线路长度、移动电话普及率来表示，以客观衡量各省份数字经济基础设施建设状况。一般而言，数字经济基础设施建设得越完善，数字经济发展载体指标就越高。就数字产业化而言，鉴于增加值数据以及互联网行业相关数据无法获取，因此，结合现有相关研究，选取人均电子信息制造业营业收入、人均电信业务总量、人均软件业务收入来表示，以客观衡量数字产业化发展状况。就产业数字化而言，选取人均硬件生产性资本存量、人均软件生产性资本存量来衡量。其中，借鉴中国信息通信研究院（2021）的测算方法，在增长核算账户框架下，采用永续盘存法来计算硬件生产性资本存量以及软件生产性资本存量，以衡量产业数字化规模①。就数字经济发展环境而言，参考赵涛等（2020）、魏丽莉和侯宇琦（2022）的做法，选取信息传输、软件和信息技术服务业城镇单位就业人员比例、人均规模以上工业企业 R&D 经费来表示。具体见表 3 - 1。

表 3 - 1　　　　　数字经济发展水平指标体系

一级指标	二级指标	衡量方式	单位	指标属性	指标权重
数字经济发展载体	人均拥有域名数	域名数/本省年末常住人口	个	正向	0.10565
	人均拥有网页数	网页数/本省年末常住人口	个	正向	0.18611

---

① 硬件资本存量以及软件资本存量计算过程和结果详见第 6 章。

一级指标	二级指标	衡量方式	单位	指标属性	指标权重
数字经济发展载体	人均互联网宽带接入端口数	互联网宽带接入端口数/本省年末常住人口	个	正向	0.02592
	人均互联网宽带接入用户数	互联网宽带接入用户数/本省年末常住人口	个	正向	0.02115
	互联网普及率	互联网用户数/本省年末常住人口	%	正向	0.02115
	人均光缆线路长度	光缆线路长度/本省年末常住人口	公里/万人	正向	0.02883
	移动电话普及率	移动电话年末用户/本省年末常住人口	部/百人	正向	0.01812
数字产业化	人均电子信息制造业营业收入	电子信息制造业营业收入/本省年末常住人口	元	正向	0.08217
	人均电信业务总量	电信业务总量/本省年末常住人口	元	正向	0.06953
	人均软件业务收入	软件业务收入/本省年末常住人口	元	正向	0.11997
产业数字化	人均硬件生产性资本存量	硬件生产性资本存量/本省年末常住人口	元	正向	0.06502
	人均软件生产性资本存量	软件生产性资本存量/本省年末常住人口	元	正向	0.14802
数字经济发展环境	信息传输、软件和信息技术服务业城镇单位就业人员比例	信息传输、软件和信息技术服务业城镇单位就业人员数/城镇单位就业人员数	%	正向	0.05712
	人均规模以上工业企业 R&D 经费	规模以上工业企业 R&D 经费/本省年末常住人口	元	正向	0.05123

资料来源：利用 Stata15.0 软件计算而来。

3.1.1.2　数据来源

本章选取 2011～2019 年为研究区间，样本为我国 29 个省份，资料主要来源于国家统计局官网、国研网、《中国信息产业年鉴》、《中国电子信息产业统计年鉴》、全国投入产出表、投入产出延长表以及各省份投入产出表。

3.1.2 数字经济发展水平综合指数的测度方法

在建立数字经济发展水平指标体系的基础上，需要对相关指标赋予权重，目前赋权方法主要包括主观赋权法以及客观赋权法。其中，主观赋权法主要是根据指标之间的相对重要程度，通过主观判断对指标赋予相应的权重，主要有 AHP 法、Delphi 法、联合分析法等方法。客观赋权法是按照指标的原始信息进行赋权，主要包括主成分分析法、熵值法、聚类分析法、标准差法等方法。由于，客观赋权法不仅能够有效避免人为赋权过程中的主观性，还能够克服并解决指标体系中复合指标之间的信息交叉以及叠加等问题，因此本章选择客观赋权法中的熵值法来对指标进行赋权。熵值也被称为平均信息量，指标包含的信息量越大，不确定性程度越小，熵值越小，该指标区分被评估对象的能力就越强，在综合评价指标体系中所占的比重也就越大。熵值法的计算步骤如下。

（1）无量纲化处理。

由于，上述 14 个指标值的量纲和量级存在显著的差异性，若直接进行汇总会导致综合评价结果失真，不仅使得计算的含义模糊，甚至还会出现无意义的结果。因此，在计算综合指数时应对各指标进行无量纲化处理，使得各项指标保持相同趋势，即数值变化含义保持一致，从而保证指标之间具有可比性。常用的七种无量纲化方法包括排序法、标准化法、效用值法、标杆值法、类别尺度法和周期指标法。熵值法一般使用效用值法（又称极值处理法）去除量纲。

设有 m 个省份、n 个年份、k 项指标，用 X_{aij} 表示第 a 个地区第 i 年第 j 项指标值，对指标进行去除量纲的正规化处理：

$$Z_{aij} = \frac{X_{aij} - \min(X_j)}{\max(X_j) - \min(X_j)} \qquad (3-1)$$

$$Z_{aij} = \frac{\max(X_j) - X_{aij}}{\max(X_j) - \min(X_j)} \qquad (3-2)$$

其中，$\max(X_j)$ 表示所有年份中指标的最大值；$\min(X_j)$ 表示所有年份中指标的最小值；Z_{aij} 表示无量纲化的结果；式（3-1）和式（3-2）分别表示正向、负向指标正规化处理公式。

（2）归一化处理。

在对指标进行正规化处理以后，应计算出第 a 个地区第 i 年第 j 项指标的客观权重：

$$P_{aij} = \frac{Z_{aij}}{\sum_{a=1}^{m} \sum_{i=1}^{n} Z_{aij}} \qquad (3-3)$$

（3）计算熵值。

计算第 j 项指标的平均信息量：

$$E_j = -k \sum_{a=1}^{m} \sum_{i=1}^{n} P_{aij} \times \ln P_{aij} \qquad (3-4)$$

$$k = \frac{1}{\ln(n \times m)} \qquad (3-5)$$

（4）计算差异系数。

指标的差异系数代表其信息效用，第 j 项指标差异系数的计算公式为：

$$D_j = 1 - E_j \qquad (3-6)$$

（5）确定权重。

指标的差异系数越大表示指标对被评价对象的作用越大，根据其计算的该指标权重也就越大。第 j 项指标的权重 W_j 的计算公式为：

$$W_j = \frac{D_j}{\sum_{j=1}^{k} D_j} \qquad (3-7)$$

（6）测算指数水平。

得分的汇总方法分为线性加权综合法以及非线性加权综合法，本章在测算标准化的指标以及指标权重的基础上，采用线性加权综合法计算每个地区每一年在每一项指标上的得分，然后将各指标的得分直接加总即可得到数字经济发展水平综合指数。数字经济发展水平综合指数的计算结果在 0~1 之间，数值越高，表明数字经济发展水平越高；反之，数值越低，表明数字经济发展水平就越低。计算公式为：

$$I_{ai} = \sum_{j=1}^{m} P_{aij} \times W_j \qquad (3-8)$$

3.1.3　数字经济发展水平综合指数测度结果

2011~2019 年各省份数字经济发展水平综合指数如表 3-2 所示。总体而言，各省份数字经济发展水平大都呈强劲增长态势。具体而言，以 2019 年为例，北京、上海、天津、江苏、浙江、广东的数字经济发展水平领跑其他省份，而新疆、甘肃、云南、广西、黑龙江等省份的数字经济发展水平相对较低。不过就数字经济发展水平的年平均增长率而言，甘肃、贵州、云南、宁夏、江西、安徽、海南的数字经济发展水平综合指数的年平均增长率位于领先水平，均在 30% 以上，处于数字经济发展的追赶行列[①]。而对于上

---

① 年平均增长率 $= \left(\sqrt[n]{\dfrac{B}{A}} - 1 \right) \times 100\%$，其中，$n$ 为年份数，B 为末尾年份数值，A 为起始年份数值。

海、江苏、北京、天津、山东、广东而言，由于这些省份数字经济发展水平较高、起步较早，因而其年平均增长率相对较低。另外，各省份数字经济发展水平的省际差距同样显著，比如，2019 年北京的数字经济发展水平综合指数为 0.8151，而同一时期甘肃的数字经济发展水平综合指数仅为 0.1282。就三大区域而言，三大区域的数字经济发展水平综合指数均呈逐年递增态势，其中，西部地区数字经济发展水平年均增长率的均值最高为 30.69%，中部地区次之为 26.24%，东部地区 16.66% 位于第三①。而从三大区域的数字经济发展水平来看，2019 年东部地区数字经济发展水平综合指数的平均值远超其他两个地区，为 0.3255，西部地区次之为 0.1580，中部地区 0.1518 位于第三，三大区域之间数字经济发展水平差距依然明显。但是，近年来中部和西部地区的数字经济发展水平增长较快，具有明显的追赶趋势。

表 3-2　　　2011~2019 年各省份数字经济发展水平综合指数

地区	省份	2011年	2012年	2013年	2014年	2015年	2016年	2017年	2018年	2019年	年平均增长率（%）
东部	北京	0.2611	0.3038	0.3352	0.3974	0.5043	0.5332	0.6065	0.7099	0.8151	15.29
	天津	0.1105	0.1384	0.1824	0.2082	0.2238	0.2431	0.2532	0.3021	0.3399	15.08
	河北	0.0235	0.0322	0.0421	0.0481	0.0585	0.0696	0.0866	0.1097	0.1358	24.53
	上海	0.2419	0.2695	0.2759	0.2955	0.3239	0.3453	0.3795	0.4073	0.4509	8.10
	江苏	0.1276	0.1625	0.1796	0.1962	0.2277	0.2452	0.2702	0.2988	0.3301	12.61

---

① 本书中东部地区包括：北京、天津、河北、辽宁、上海、江苏、浙江、福建、山东、广东、海南；中部地区包括：山西、吉林、黑龙江、安徽、江西、河南、湖北、湖南；西部地区包括：四川、重庆、贵州、云南、陕西、甘肃、宁夏、新疆、广西、内蒙古。

续表

地区	省份	2011年	2012年	2013年	2014年	2015年	2016年	2017年	2018年	2019年	年平均增长率（%）
东部	浙江	0.1024	0.1365	0.1416	0.1624	0.2047	0.2334	0.2471	0.2825	0.3278	15.65
	福建	0.0789	0.0963	0.1007	0.1115	0.1421	0.1784	0.2399	0.2662	0.2893	17.64
	山东	0.0558	0.0655	0.0955	0.1010	0.1136	0.1227	0.1357	0.1505	0.1658	14.59
	广东	0.1234	0.1425	0.1649	0.1798	0.2001	0.2305	0.2477	0.3029	0.3533	14.05
	海南	0.0209	0.0290	0.0440	0.0517	0.0677	0.0710	0.0983	0.1344	0.1765	30.54
	辽宁	0.0633	0.0770	0.0924	0.1023	0.1093	0.1191	0.1352	0.1642	0.1957	15.15
	均值	0.1099	0.1321	0.1504	0.1686	0.1978	0.2174	0.2455	0.2844	0.3255	16.66
中部	山西	0.0385	0.0528	0.0674	0.0784	0.0898	0.0973	0.1125	0.1438	0.1669	20.12
	安徽	0.0186	0.0260	0.0334	0.0423	0.0616	0.0731	0.0935	0.1252	0.1564	30.50
	江西	0.0177	0.0275	0.0364	0.0452	0.0626	0.0696	0.0933	0.1239	0.1591	31.59
	河南	0.0195	0.0282	0.0381	0.0465	0.0636	0.0743	0.0900	0.1176	0.1425	28.21
	湖北	0.0304	0.0400	0.0506	0.0596	0.0795	0.0944	0.0964	0.1239	0.1585	22.91
	湖南	0.0190	0.0300	0.0383	0.0469	0.0595	0.0707	0.0864	0.1111	0.1458	29.05
	吉林	0.0296	0.0354	0.0432	0.0510	0.0587	0.0740	0.0886	0.1248	0.1518	22.69
	黑龙江	0.0227	0.0296	0.0441	0.0522	0.0583	0.0630	0.0854	0.1051	0.1337	24.84
	均值	0.0245	0.0337	0.0439	0.0527	0.0667	0.0770	0.0933	0.1219	0.1518	26.24
西部	内蒙古	0.0313	0.0409	0.0490	0.0532	0.0613	0.0680	0.0892	0.1149	0.1505	21.70
	广西	0.0164	0.0242	0.0301	0.0366	0.0460	0.0537	0.0678	0.0964	0.1326	29.87
	重庆	0.0348	0.0488	0.0640	0.0790	0.0998	0.1173	0.1433	0.1817	0.2221	26.08
	四川	0.0235	0.0355	0.0522	0.0656	0.0871	0.1051	0.1195	0.1518	0.1812	29.07
	贵州	0.0095	0.0132	0.0214	0.0242	0.0362	0.0496	0.0611	0.0956	0.1391	39.92
	云南	0.0104	0.0168	0.0258	0.0281	0.0376	0.0442	0.0601	0.0931	0.1324	37.39
	陕西	0.0330	0.0426	0.0528	0.0623	0.0792	0.0919	0.1112	0.1506	0.1922	24.62
	甘肃	0.0072	0.0145	0.0223	0.0258	0.0393	0.0452	0.0650	0.0963	0.1282	43.40

地区	省份	2011年	2012年	2013年	2014年	2015年	2016年	2017年	2018年	2019年	年平均增长率（%）
西部	宁夏	0.0198	0.0269	0.0334	0.0407	0.0514	0.0748	0.0904	0.1317	0.1651	30.40
	新疆	0.0237	0.0341	0.0397	0.0446	0.0563	0.0625	0.0717	0.1060	0.1361	24.41
	均值	0.0210	0.0297	0.0391	0.0460	0.0594	0.0712	0.0879	0.1218	0.1580	30.69

资料来源：利用 Stata15.0 软件计算而来。

3.2　我国数字经济发展水平的时空演变特征

在测度我国数字经济发展水平综合指数的基础上，运用 Kernel 核密度估计法、Dagum 基尼系数及分解法、描述性统计分析法以及 Moran 指数法来分析全国总体以及三大区域数字经济发展水平的时空演变特征。

3.2.1　我国数字经济发展水平的时间演变

为了分析我国数字经济发展水平的时间演变，首先运用 Kernel 核密度估计法对全国总体及三大区域数字经济发展水平的分布位置、形态、延展性、极化现象等特征进行分析，进而探究我国数字经济发展水平的动态特征。其次，采用 Dagum 基尼系数及分解法测度我国数字经济发展水平的地区差异并进行分解，从而研究地区之间数字经济发展水平差异的成因。

3.2.1.1　数字经济发展水平的 Kernel 核密度估计

（1）Kernel 核密度估计法介绍。

核密度估计法是一种非参数估计法，其原理是通过平滑的峰值函数来拟合样本数据，利用连续密度曲线来刻画随机变量的分布形态。核密度估计法具有对模型的依赖性弱、稳健性强等优势，因此被广泛运用于变量的空间非均衡性研究。该方法通常假设随机变量 X 的密度函数为：

$$f(x) = \frac{1}{Nh} \sum_{i=1}^{N} H\left(\frac{X_i - x}{k}\right) \qquad (3-9)$$

其中，N 表示观测值的数量，在本节中表示观测的省份个数；X_j 表示独立同分布的观测值，在本节指 29 个省份的数字经济发展水平综合指数；x 表示 29 个观测省份的数字经济发展水平综合指数的均值；H 表示核密度；k 表示带宽。核密度作为一种加权函数，通常需要同时满足式（3 – 10）~式（3 – 12）的几个条件：

$$\lim_{x \to \infty} k(x) \cdot X = 0 \qquad (3-10)$$

$$\int_{-\infty}^{+\infty} K(x) dx = 1, K(x) \geqslant 0 \qquad (3-11)$$

$$\int_{-\infty}^{+\infty} K^2(x) dx < +\infty, \sup K(x) < +\infty \qquad (3-12)$$

常用的核函数包括三角核函数、四角核函数、高斯核函数等。本章主要采用高斯核函数来探究样本观察期内各省份数字经济发展水平的分布动态。一般来说，核密度估计结果对带宽比较敏感，带宽越大，估计的密度函数曲线就越光滑，但是精确性就越低；而带宽越小，估计的密度函数曲线就越不光滑，但是精确性就越高。因此，通常选择较小的带宽来保持估计的较高精确度。一般而言，从核密度估计得到的曲线中能够观察到随机变量的分布位置、形态、延展性、极化现象等特征。

（2）Kernel 核密度估计结果分析。

全国层面。图 3 – 1（a）从整体层面描述了 2011 ~ 2019 年我国 29 个省份数字经济发展水平的核密度估计和动态演进趋势。从分布位置来看，核密度曲线的中心位置和变化区间整体而言向右移动，说明样本期间内我国数字经济发展水平总体呈上升态势。从分布形态来看，在样本期间内核密度曲线的主峰高度经历了连续下降的变化过程，且曲线宽度有小幅度的收窄，说明我国数字经济发展水平的绝对差异呈现出一定程度的缩小态势。从分布延展性来看，曲线呈现出显著的细长右拖尾特征，且这一特征在样本期间内呈愈演愈烈之势，说明全国范围内数字经济发展水平高的省份和平均水平差距持续拉大。从分布极化现象来看，全国数字经济发展水平分布经历了"多峰—双峰—多峰"的演变过程，但是两极或多极分化趋势渐趋弱化。此外，总体而言，曲线主要由一个主峰和两个侧峰组成，侧峰峰值明显低于主峰，且在样本期间内，右侧侧峰形态渐趋平缓，这就说明，我国省际间数字经济发展水平的"极化现象"有一定程度的改善，但是曲线整体形状并未发生显著变化，这也就预示着我国 29 个省份数字经济发展水平仍然具有一定的梯度效应。主要是由于虽然近年来我国数字经济发展水平取得了明显提升，但是不同省份之间经济发展水平、资源禀赋、人口密度、政策等因素差异较大，在短时间内数字经济发展水平较低省份难以快速赶上数字经济发展水平较高省份，在一段时期内二者之间的差距会持续增大。

　　三大区域层面。图 3-1 (b)、(c)、(d) 分别为 2011～2019 年分区域的我国东部、中部、西部地区各省份数字经济发展水平的核密度估计和动态演进。具体来说，首先，就东部地区而言，从分布位置来看，总体而言样本期间内东部地区核密度曲线的中心位置和变化区间向右移动，说明东部地区数字经济发展水平呈上升态势。从分布形态来看，样本期间内曲线总体表现为主峰高度连续下降的趋势。从分布延展性来看，曲线呈现出显著的右拖尾现象，且曲线分布的延展性总体呈现出向右拓宽的趋势，这就意味着东部地区内部数字经济发展水平高的省份仍然趋于提升，和平均水平之间的差值均有所增加，数字经济发展水平较高省份以及较低省份之间差距在逐渐扩大。从分布极化现象来看，曲线呈现出"一主一侧"的"双峰"分布状态，且右侧峰峰值逐渐下降，曲线渐趋平滑，这说明随着时间推移东部地区数字经济发展水平的两极分化现象有所好转。

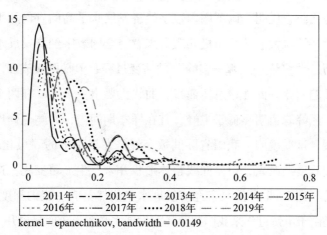

kernel = epanechnikov, bandwidth = 0.0149

（a）全国总体

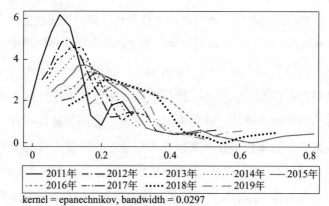

kernel = epanechnikov, bandwidth = 0.0297

（b）东部地区

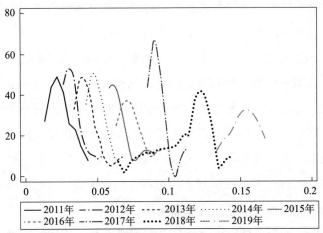

（c）中部地区

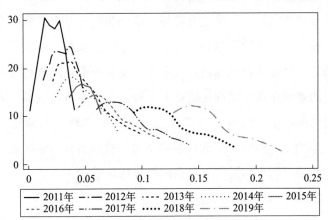

（d）西部地区

图 3 - 1　全国及三大区域数字经济发展水平核密度估计及动态变化

资料来源：根据数字经济发展水平综合指数，利用 Stata15.0 软件绘制而来。

　　其次，就中部地区而言，从分布位置来看，总体而言样本期间内中部地区核密度曲线的中心位置和变化区间大幅右移，说明中部地区数字经济发展水平呈大幅上升趋势。从分布形态来看，样本期间内曲线主峰高度主要经历了"上升—下降—上升—下降—上升—下降"的变化过程。从分布延展性来看，样本区间内曲线延展性经历了"拓宽—收敛"的特征，随着时间推移曲线不存在明显的右拖尾现象，这就表示中部地区内部数字经济发展水平较高省份以及较低省份间的差距存在一定程度的减少。从分布极化现象来看，曲线在观测期内主要经历了从"单峰"状态演变为"一主一侧"的双峰状态再回归至"单峰"状态的过程，说明中部地区数字经济发展水平随着时间推移不存在两极分化现象。

最后，就西部地区而言，从分布位置来看，总体而言样本期间内西部地区核密度曲线的中心位置和变化区间向右移动，说明西部地区数字经济发展水平呈上升趋势。从分布形态来看，样本期间内曲线主峰高度呈连续下降态势。从分布延展性来看，曲线总体呈右拓宽趋势，这意味着西部地区数字经济发展水平较高省份和较低省份之间的差距存在一定程度的扩大态势。从分布极化现象来看，曲线在观测期内主要经历了从"一主一侧"的双峰状态演变为"单峰"状态的变化过程，且曲线渐趋平滑，这表明西部地区数字经济发展水平随时间推移同样不存在两极分化现象。

3.2.1.2 数字经济发展水平的地区差异

（1）Dagum 基尼系数及分解法介绍。

1997 年，达古姆（Dagum）提出了一种在充分考虑子样本分布状况的情形下，把基尼系数按照子群进行分解的方法。Dagum 基尼系数法较好地弥补了传统基尼系数以及泰尔指数法的局限性，有效地解决了样本数据之间交叉重叠以及区域差异来源等问题，因而被学者们广泛运用于各个领域地区差异问题的研究之中。

按照达古姆（Dagum，1997）对于基尼系数的定义，将研究对象分为 k 组，共包含 n 个研究对象，a、b 分别表示不同的区域，n_a、n_b 分别表示区域 a 和区域 b 内的研究对象个数，y_{ai}、y_{bj} 分别表示区域 a 和区域 b 内任意研究对象的变量数据，在本节指各省份的数字经济发展水平综合指数。y 表示所有研究对象变量数据的平均值，在计算 Dagum 基尼系数之前需要对各地区数字经济发展水平的平均值从小到大进行排序，由此可以得出 Dagum 基尼系数计算公式：

$$G = \frac{1}{2yn^2} \sum_{a=1}^{k} \sum_{b=1}^{k} \sum_{i=1}^{n_a} \sum_{j=1}^{n_b} |y_{ai} - y_{bj}| \qquad (3-13)$$

$$y_b \leqslant \cdots \leqslant y_a \leqslant \cdots \leqslant y_k \qquad (3-14)$$

通过对 Dagum 基尼系数进行分解，可以得到地区差异的原因。达古姆（Dagum，1997）将基尼系数分为地区内（组内）差距贡献（G_w）、地区间（组间）超变净值差距的贡献（G_{nb}）、地区间（组间）超变密度的贡献（G_t）三个部分，后两者 G_{nb}、G_t 共同衡量了地区间（组间）不平等的总贡献，三个部分之间的关系满足：$G = G_w + G_{nb} + G_t$。一般而言，基尼系数越大意味着地区间差异越大，区域之间协同性越弱；反之，基尼系数越小表示地区间差异越小，区域之间协同性越强。在本节中，G_w 表示东部、中部、西部地区区域内部各省份数字经济发展水平差异，G_{nb} 表示东部、中部、西部地区区域之间数字经济发展水平差异，G_t 表示东部、中部、西部地区三大区域之间数字经济发展水平交叉影响的一种基尼系数余数。G_{aa} 表示区域 a 内部的基尼系数，G_{ab} 则表示区域 a 和区域 b 之间的基尼系数。上述变量的计算公式依次为：

$$G_{aa} = \frac{1}{2yn^2} \sum_{i=1}^{n_a} \sum_{j=1}^{n_b} |y_{ai} - y_{aj}| \qquad (3-15)$$

$$G_{ab} = \frac{1}{n_a n_b (y_a + y_b)} \sum_{i=1}^{n_a} \sum_{j=1}^{n_b} |y_{ai} - y_{bj}| \qquad (3-16)$$

$$G_w = \sum_{a=1}^{k} G_{aa} P_a S_a \qquad (3-17)$$

$$G_{nb} = \sum_{a=2}^{k} \sum_{b=1}^{a-1} G_{ab} (P_b S_a + P_a S_b) D_{ab} \qquad (3-18)$$

$$G_t = \sum_{a=2}^{k} \sum_{b=1}^{a-1} G_{ab} (P_b S_a + P_a S_b)(1 - D_{ab}) \qquad (3-19)$$

$$P_a = \frac{n_a}{n} \qquad (3-20)$$

$$S_a = \frac{n_a \bar{y}_a}{n y} \qquad (3-21)$$

$$D_{ab} = (h_{ab} - q_{ab})/(h_{ab} + q_{ab}) \qquad (3-22)$$

其中，$a = 1, 2, \cdots, k$。D_{ab} 表示区域 a 以及区域 b 之间数字经济发展水平综合指数的相对影响，$0 \leqslant D_{ab} \leqslant 1$；$h_{ab}$ 表示区域之间数字经济发展水平综合指数的差值，即为区域 a 以及区域 b 中所有 $y_{ai} - y_{aj} > 0$ 样本值之和的数学期望；q_{ab} 表示超变一阶矩，即为区域 a 以及区域 b 中所有 $y_{ai} - y_{aj} < 0$ 样本值之和的数学期望。其计算公式为：

$$h_{ab} = \int_0^{\infty} \mathrm{d}F_a(y) \int_0^{y} (y - x) \mathrm{d}F_b(x) \qquad (3-23)$$

$$q_{ab} = \int_0^{\infty} \mathrm{d}F_b(y) \int_0^{y} (y - x) \mathrm{d}F_a(x) \qquad (3-24)$$

其中，F_a、F_b 分别表示区域 a 以及区域 b 的累计密度分布函数。按照上述测算方法，可以测算出 2011~2019 年我国 29 个省份数字经济发展水平的 Dagum 基尼系数以及分解状况。

（2）Dagum 基尼系数结果分析。

Kernel 核密度估计直观地反映了全国及东部、中部、西部地区数字经济发展水平绝对差异的动态演变过程，为了进一步探究我国数字经济发展水平的总体差异大小及其来源，采用 Dagum 基尼系数及分解法对其进行科学测算和分解。表 3 – 3 和图 3 – 2 列示了 2011 ～ 2019 年中国省际数字经济发展水平 Dagum 基尼系数和分解的具体结果及演变趋势。

表 3 – 3　　2011 ～ 2019 年中国省际数字经济 Dagum 基尼系数及贡献率分解

年份	总体	区域内			区域间			贡献率（％）		
		东部	中部	西部	东—中	东—西	中—西	区域内	区域间	超变密度
2011	0.5139	0.3671	0.1531	0.2595	0.6467	0.6896	0.2248	23.5505	73.096	3.3536
2012	0.4743	0.3487	0.1261	0.2281	0.6038	0.6434	0.1969	23.4806	72.8212	3.6981
2013	0.4323	0.3182	0.1181	0.2026	0.5558	0.5964	0.1802	23.0134	73.2452	3.7415
2014	0.4218	0.3236	0.1023	0.2166	0.5319	0.5814	0.1836	23.7228	72.3326	3.9446
2015	0.3992	0.3252	0.0790	0.1968	0.5041	0.5491	0.1666	24.2919	71.5058	4.2023
2016	0.3791	0.3109	0.0763	0.1906	0.4863	0.5200	0.1576	24.2374	70.6668	5.0958
2017	0.3487	0.2944	0.0431	0.1676	0.4539	0.4843	0.1361	23.9503	71.2155	4.8343
2018	0.3032	0.2823	0.0465	0.1294	0.4061	0.4143	0.1083	24.9013	68.7974	6.3013
2019	0.2684	0.2741	0.1017	0.0360	0.3626	0.3700	0.0824	25.708	68.9111	5.3809
均值	0.3934	0.3161	0.0940	0.1808	0.5057	0.5387	0.1596	24.0951	71.3991	4.5058

资料来源：根据数字经济发展水平综合指数，利用 matlab 软件测算得出。

（a）全国 Dagum 基尼系数

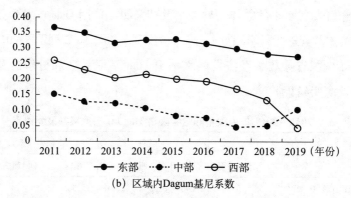

（b）区域内Dagum基尼系数

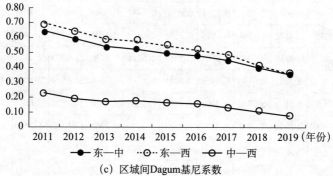

（c）区域间Dagum基尼系数

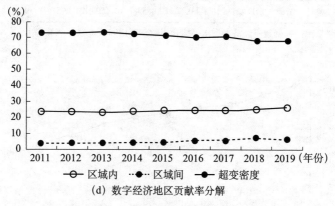

（d）数字经济地区贡献率分解

图 3 - 2　2011～2019 年中国省际数字经济发展水平

Dagum 基尼系数及贡献率分解

总体差异。图 3 - 2 （a） 为全国层面的 Dagum 基尼系数，从总体基尼系数的演变趋势可以看出，整体而言，在样本期间内我国省际数字经济发展水平总体差距依然显著，但差距呈逐年下降态势，基尼系数值由 2011 年的 0.5138 下降至 2019 年的 0.2684，下降了 0.2455，年均下降率约为 7.80% 。由此可见，2011 年以来，我国数字经济发展水平总体差异趋于下降态势，尚未表现出逆势上扬势头，但基尼系数值介于 0.2684 ~ 0.5139 之间，说明我国各省份之间数字经济发展水平的地区差异仍然较为明显。主要是由于，一方面，近年来，各省份纷纷大力发展数字经济，因此各省份数字经济发展水平综合指数的省际差异存在一定程度的下降。另一方面，我国各省份数字经济发展水平综合指数存在较大的绝对差异，比如，2019 年数字经济发展水平综合指数最大以及最小的北京、甘肃之间，数字经济发展水平综合指数差值达到了 0.6869。

区域内差异。图 3 - 2 （b） 为东部、中部、西部三大区域内部的 Dagum 基尼系数，从区域内数字经济发展水平的基尼系数演变趋势来看，东部地区整体而言呈下降趋势，具体而言，2011 ~ 2013 年呈下降态势，2014 ~ 2015 年出现微弱上升势头，之后又呈下降态势。这一时期，东部地区区域内基尼系数整体下降了 0.093，年均下降率约为 3.59% 。中部地区呈 "下降—上升" 的演变趋势，即 2011 ~ 2017 年表现为逐年下降，2017 年以后又呈快速上升态势。样本期间，中部地区区域内基尼系数整体呈下降态势，从 2011 年的 0.1531 降至 2019 年的 0.1017，下降了 0.0514，年均下降率约为 4.98% 。西部地区呈 "下降—上升—下降" 的演变态势，即 2011 ~ 2013 年为下降阶段，2014 年出现了小幅上升，2014 年以后又呈下降态势。在这一期间，西部地区区域内基尼系数总体呈下降态势，从 2011 年的 0.2595 降至 2019 年的 0.036，下降了 0.2235，年均下降率约为 21.88%。总体而言，东部、中部、西部地区区域内差异均呈缩小趋势。从基尼系数数值大小来看，2011~2019 年东部、中部、西部地区区域内基尼系数的平均值分别为 0.3161、0.0940、0.1808，表明东部地区内部数字经济发展水平不均衡现象在三者当中最为突出，其次是西部地区，中部地区排第三。究其原因，通过分析各个区域数字经济发展水平综合指数可以发现，主要是由于区域内部数字经济发展水平差距过大。在东部地区内部，北京、天津、上海、广东、江苏、浙江的数字经济发展水平最高，而海南、河北、山东的数字经济发展水平则相对靠后，远落后于数字经济发展水平较高省份。在西部地区，地区内部各省份之间数字经济发展不平衡现象也较为突出，其中数字经济发展水平较高的省份有四川、重庆、陕西，而广西、甘肃、云南、贵州、新疆的数字经济发展水平相对较低。

区域间差异。图 3-2（c）为东部、中部、西部三大区域之间的 Dagum 基尼系数，从区域间数字经济发展水平的基尼系数演变过程来看，东—中部区域间差异呈下降态势，在样本期间，其区域间基尼系数由 2011 年的 0.6467 下降至 2019 年的 0.3626，下降了 0.2841，年均下降率约为 6.98%。东—西部区域间差异也呈逐年下降趋势，在样本期间，其区域间基尼系数由 2011 年的 0.6896 下降至 2019 年的 0.37，下降了 0.3196，年均下降率约为 7.49%。中—西部区域间差异主要表现为"下降—上升—下降"的变化趋势，其中 2011~2013 年呈逐年下降态势，而 2014 年出现了小幅上升，2015~2019 年呈大幅下降趋势。在样本观测期，其区域间基尼系数值总体呈下降趋势，从 2011 年的 0.2248 下降至 2019 年的 0.0824，下降了 0.1424，年均下降率约为 11.79%。从基尼系数数值大小来看，2011～2019 年，数字经济发展水平的区域间差异数值从大到小排序依次为东—西部、东—中部、中—西部，其平均值分别为 0.5387、0.5057、0.1596，中—西部差异远低于东—西部以及东—中部差异，东—西部差异稍高于东—中部差异。

　　差异来源及其贡献。图 3-2（d）为全国层面省际数字经济发展水平地区贡献率的分解及其来源，从差异来源的演变趋势来看，区域内差异的贡献率整体在波动中呈上升趋势，2011 年其贡献率为 23.5505%，随后大致经历了"下降—上升—下降—上升"的"W"型变化特征，2019 年贡献率高达 25.6906%，样本期间内年平均增长率约为 1.03%。区域间差异的贡献率大致经历了"下降—上升—下降—上升"的变化过程，2011～2013 年呈下降态势，2014 年出现小幅上升，2015～2016 年呈下降态势，2017～2019 年以后又逐年上升。总体而言，区域间差异的贡献率呈下降态势，从 2011 年的 73.096% 下降至 2019 年的 68.9111%，年均下降率约为 0.73%。超变密度反映的是不同区域之间的交叉重叠对总体空间差异的贡献率，样本期间内其贡献率呈现出"上升—下降—上升—下降"的"M"型变化趋势，总体来说，贡献率从 2011 年的 3.3536% 上升至 2019 年的 5.3809%，年平均增长率约为 6.09%。从差异来源的贡献率大小来看，2011～2019 年区域间差异的贡献率远远高于区域内差异以及超变密度差异的贡献率。其中，区域间差异的贡献率均在 68% 以上，区域内差异贡献率均在 23% 以上，而超变密度差异的贡献率在 3.3536%～6.3013% 之间变动，它们与区域间差异贡献率相比均明显较低。区域间、区域内、超变密度三者贡献率的平均值分别为 71.3991%、24.0951%、4.5058%。这也就表明，区域间差异是我国数字经济发展水平总体差异形成的最主要来源，其次是区域内差异，第三来源是超变密度，其中，区域间差异对总体差异的贡献远高于区域内差异和超变密度。

3.2.2 我国数字经济发展水平的空间分布

为了分析我国数字经济发展水平的空间分布特征，本节通过描述性统计分析法分析各省份数字经济发展水平的空间异质性，并利用 Moran 指数法进一步验证各省份之间数字经济发展水平的空间相关性。

3.2.2.1 数字经济发展水平空间异质性分析

总体而言，从空间角度来说，我国数字经济发展水平正在经历从低水平、中低水平向中高水平、高水平迈进的演变趋势。但即使如此，数字经济发展水平依然呈现出发展不平衡、不充分的特征。

一是数字经济发展不平衡。得益于区域、政策、资源等优势条件，北京、上海、江苏、浙江、广东的数字经济发展水平从 2011 年起便取得了较快的发展，但是相对而言，甘肃、广西、云南、新疆、贵州、黑龙江等省份的数字经济发展水平却相对较低。主要是因为这些省份的经济发展水平相对落后，并且缺乏数字经济发展的先决条件（王军等，2021），导致其数字经济发展初始水平较低，且增速较慢，从而使得各省份之间数字经济发展不平衡。另外，区域之间以及区域内部数字经济发展不平衡现象依然严峻。一方面，东部地区是我国数字经济发展的先导地区，和东部地区相比，中部、西部地区的数字经济发展水平相对较低，与东部地区相比差距依然显著。另一方面，区域内部发展不平衡趋势同样严峻，在东部地区内部，数字经济发展方兴未艾的背后也有河北、山东、海南、辽宁的发展较为落后，而西部地区数字经济发展状况总体不佳的情形下，四川、重庆、陕西的数字经济发展水平却格外引人注目。由此可见，在数字经济持续深入发展的同时，数字经济发展不平衡问题仍然较为严峻。

二是数字经济发展不充分。表3－4反映了2011～2019年中国省际数字经济发展水平的离散程度。由表3－4可知，数字经济发展水平综合指数的极大值、极小值均呈现出快速上升趋势，极大值由2011年的0.2611上升至2019年的0.8151，极小值由2011年的0.0072上升至2019年的0.1282，其中极小值增速快于极大值增速，这就表明我国省际之间数字经济发展水平处于不断提升之中，并且数字经济发展水平较低省份的追赶趋势明显。与此同时，极大值和极小值之间的差值（极差）也在不断增加，极差从2011年的0.2539上升至2019年的0.6869，这就意味着我国省际之间数字经济发展水平还存在着明显差异。此外，就三大区域而言，我国数字经济发展水平呈现出东部、中部、西部依次递减的态势，东部地区数字经济发展水平明显领先于中部和西部地区。足以见得，我国数字经济发展不充分问题较为严重，中部和西部地区仍具有较大的提升空间，进一步佐证了前文的观点。

表3－4　　　　2011～2019年中国省际数字经济发展水平离散程度

指标	2011年	2012年	2013年	2014年	2015年	2016年	2017年	2018年	2019年
极大值	0.2611	0.3038	0.3352	0.3974	0.5043	0.5332	0.6065	0.7099	0.8151
极小值	0.0072	0.0132	0.0214	0.0242	0.0362	0.0442	0.0601	0.0931	0.1282
极差	0.2539	0.2906	0.3138	0.3731	0.4682	0.4891	0.5464	0.6167	0.6869

资料来源：作者根据数字经济发展水平综合指数，运用wps软件自行计算得出。

3.2.2.2 数字经济发展水平空间相关性分析

（1）Moran 指数介绍。

数字经济发展水平在空间上具有显著差异性，那么各地区之间数字经济发展水平是否具有空间相关性亟须进一步验证，因此本章对其进行检验。空间相关性主要包括全局相关性及局部相关性，学术界常用 Moran 指数分析区域之间的相关性。一般而言，Moran 指数包括全局 Moran 指数以及局部 Moran 指数，全局 Moran 指数用于测量全局空间相关性，通过对其进行测度，可以分析空间是否出现了集聚，但却并未指明具体哪里出现了集聚；局部 Moran 指数用于测量局部空间相关性，它可以具体指明哪里出现了集聚。全局 Moran 指数和局部 Moran 指数的计算公式分别如下：

$$I = \frac{n \sum_{i=1}^{n} \sum_{j=1}^{n} \omega_{ij}(x_i - \bar{x})(x_j - \bar{x})}{\sum_{i=1}^{n} \sum_{j=1}^{n} \omega_{ij} \sum_{i=1}^{n} (x_i - \bar{x})^2} \qquad (3-25)$$

$$I_i = \frac{x_i - \bar{x}}{S^2} \sum_{j=1}^{n} \omega_{ij}(x_j - \bar{x}) \qquad (3-26)$$

在式（3-25）中，$i \neq j$，ω_{ij}表示空间权重值；n 表示地区总数，在本节指 29 个省份；x_i表示研究样本，在本节指第 i 个省份的数字经济发展水平综合指数；$\bar{x}$ 表示样本期间内各省份数字经济发展水平综合指数的平均值。在式（3-26）中，$S^2 = \sum_{i=1}^{n} (x_i - \bar{x})/n$，其余各个符号含义均与式（3-25）相同。

在 Moran 指数的计算中，不同的空间权重矩阵会对结果产生不同的影响。通过梳理相关文献发现，目前学术界常用的空间权重矩阵主要包括 0~1 矩阵、地理距离权重矩阵、经济权重矩阵以及经济地理权重矩阵。为了使测算结果具有可比性，本章分别构建 0~1

矩阵（W_1）、地理距离权重矩阵（W_2）以及经济地理权重矩阵（W_3）来计算 2011～2019 年全样本数字经济发展水平的全局 Moran 指数。

W_1 矩阵主要是基于省份间是否相邻作出的判断，其计算过程为：当 $i=j$ 时，$W_{1ij}=0$；当 $i \neq j$ 时，$W_{1ij}=1$。W_2 矩阵的计算过程为：当 $i=j$ 时，$W_{2ij}=0$；当 $i \neq j$ 时，$W_{2ij}=1/d_{ij}$，其中，d_{ij}表示省份 i 和 j 省会城市之间的经纬度距离。此外，由于单独根据地理特征建立的地理距离权重矩阵，或者根据经济发展状况建立的经济权重矩阵失之偏颇，因而借鉴李研（2021）的做法，本章结合地理距离权重矩阵和经济权重矩阵进行相关分析，W_3 矩阵的具体计算过程为：

$$W_3 = (\omega_{ij})_{n \times n} = \left(\frac{1}{d_{ij}}\right)_{n \times n} \tag{3-27}$$

$$d_{ij} = \arccos\{(\sin\varphi i \times \sin\varphi j) + [\cos\varphi i \times \cos\varphi j \times \cos(\Delta\tau)]\} \times R \tag{3-28}$$

$$D = diag\left(\frac{\overline{Y}_1}{\overline{Y}}, \frac{\overline{Y}_2}{\overline{Y}}, \cdots, \frac{\overline{Y}_n}{\overline{Y}}\right) \tag{3-29}$$

$$W = W_3 \times D \tag{3-30}$$

$$\overline{Y} = \frac{\sum_{r=1}^{n} \overline{Y}_r}{n} \tag{3-31}$$

其中，$i \neq j$，W_3 表示反距离矩阵；d_{ij} 表示省份 i 和 j 之间的距离；φ_i、φ_j 分别表示省份 i 和 j 的纬度和经度，本节以各个省份省会城市的经纬度来表示；$\Delta\tau$ 表示两个省份之间的经度之差；R 表示地球半径；D 表示经济距离对角矩阵；$\overline{Y}_r$ 表示样本期间内第 r 个省份人均 GDP 的平均值。

（2）全局 Moran 指数测度结果分析。

本章首先计算出空间 0~1 矩阵（W_1）、空间地理距离权重矩阵（W_2）以及空间经济地理权重矩阵（W_3），再结合式（3-25），计算 2011~2019 年中国数字经济发展水平的全局 Moran 指数。Moran 指数的取值范围为 [-1,1]，大于 0 表示数字经济发展水平存在空间正相关，小于 0 则表示数字经济发展水平存在空间负相关。2011~2019 年中国数字经济发展水平的全局 Moran 指数如表 3-5 所示。根据全局 Moran 指数的计算结果可知，2011~2019 年，就全样本而言，在 W_1、W_2、W_3 空间权重矩阵下，各省份数字经济发展水平均存在显著的空间正相关性，且全局 Moran 指数值逐年递增。这表明 2011~2019 年我国数字经济发展水平总体而言存在较强的正空间自相关，各省份之间存在较强的互动关系，并且随着时间推移，空间正相关性呈递增态势。

表 3-5　　　　2011~2019 年中国数字经济发展水平全局莫兰指数

年份	W_1 矩阵	W_2 矩阵	W_3 矩阵
2011	0.205 ***	0.031 **	0.023 **
2012	0.234 ***	0.042 ***	0.038 **
2013	0.269 ***	0.052 ***	0.050 ***
2014	0.281 ***	0.059 ***	0.060 ***
2015	0.284 ***	0.064 ***	0.068 ***
2016	0.286 ***	0.066 ***	0.070 ***
2017	0.310 ***	0.068 ***	0.073 ***
2018	0.311 ***	0.077 ***	0.089 ***
2019	0.320 ***	0.078 ***	0.089 ***

注：***、** 分别表示 1%、5% 的显著性水平。
资料来源：根据数字经济发展水平综合指数，利用 Stata15.0 软件测算得出。

（3）局部 Moran 指数测度结果分析。

空间关联局域指标（LISA）能够较好地反映地区和相邻地区之间的空间关系（Anselin，1995），因此为了进一步确定我国不同省份数字经济发展水平的集聚状况，本章通过绘制二维平面局部 Moran 指数散点图来观测数字经济发展水平的空间集聚特征①。局部 Moran 指数的测算可以分为四个象限，分别为第一象限的高—高集聚，在该象限表示观测省份数字经济发展水平较高且周围省份也较高；第二象限的低—高集聚，在该象限表示观测省份数字经济发展水平较低但周围省份却较高；第三象限的低—低集聚，在该象限表示观测省份数字经济发展水平较低且周围省份也较低；第四象限的高—低集聚，在该象限表示观测省份数字经济发展水平较高但周围省份却较低。

局部 Moran 指数测度结果如表 3－6 所示。2011～2019 年，我国数字经济发展水平是以高—高集聚和低—低集聚为主，和全局 Moran 指数的测算结果一致，表现为空间正相关性。其中，高—高集聚均在东部地区，天津、上海、浙江、江苏、福建、山东一直处于高—高集聚中。山东对于其周围的天津、江苏形成高—高集聚，但是对于河南、河北、安徽、山西这些邻近省份产生的空间溢出效应较小，未能带动这些省份数字经济发展。此外，北京的数字经济发展水平较高，2013～2015 年一度跻身高—高集聚模式行列，但是 2016～2019 年又进入高—低集聚中，可能是由于北京对于其周边邻近省份数字经济发展所产生的空间溢出效应在缩小，这也就导致辽宁从 2015 年起便进入低—低集聚行列，相应地，内蒙古、

---

① 局部 Moran 指数是通过构建空间经济地理权重矩阵（W_3）测算得出。

黑龙江、吉林一直位于低—高集聚之中。此外，广西、海南、湖南、江西虽然和广东相邻，但未能充分吸收其溢出效应，在样本期间内一直处于低—低集聚模式中。而对于其余中西部省份，尤其是西部省份而言，其数字经济发展水平总体不高，形成了低—低集聚且长期未发生跃迁。这也就表明，我国数字经济发展水平还有待提高。

表 3 - 6   2011 ~ 2019 年中国数字经济发展水平局部莫兰指数地区分布状况

年份	高—高	高—低	低—高	低—低
2011	上海、天津、浙江、福建、江苏、山东	北京、辽宁、广东	河北、安徽、黑龙江、内蒙古、山西、吉林、河南	海南、广西、贵州、云南、陕西、甘肃、宁夏、新疆、江西、湖北、湖南、重庆、四川
2012	上海、天津、浙江、福建、江苏、山东	北京、辽宁、广东	河北、安徽、黑龙江、内蒙古、山西、吉林、河南	海南、广西、贵州、云南、陕西、甘肃、宁夏、新疆、江西、湖北、湖南、重庆、四川
2013	北京、上海、天津、江苏、浙江、山东、福建	辽宁、广东	河北、安徽、黑龙江、内蒙古、山西、吉林、河南	海南、广西、贵州、云南、陕西、甘肃、宁夏、新疆、江西、湖北、湖南、重庆、四川
2014	北京、上海、天津、江苏、浙江、山东、福建	辽宁、广东	河北、安徽、黑龙江、内蒙古、山西、吉林、河南	海南、广西、贵州、云南、陕西、甘肃、宁夏、新疆、江西、湖北、湖南、重庆、四川
2015	北京、上海、天津、江苏、浙江、山东、福建	广东	河北、安徽、黑龙江、内蒙古、山西、吉林、河南	海南、广西、贵州、云南、陕西、甘肃、宁夏、新疆、江西、湖北、湖南、重庆、四川、辽宁

续表

年份	高—高	高—低	低—高	低—低
2016	上海、天津、江苏、浙江、山东、福建	北京、广东、重庆	河北、安徽、黑龙江、内蒙古、山西、吉林、河南	海南、广西、贵州、云南、陕西、甘肃、宁夏、新疆、江西、湖北、湖南、四川、辽宁
2017	上海、天津、江苏、浙江、山东、福建	北京、广东	河北、安徽、黑龙江、内蒙古、山西、吉林、河南	海南、广西、贵州、云南、陕西、甘肃、宁夏、新疆、江西、湖北、湖南、四川、辽宁、重庆
2018	上海、天津、江苏、浙江、山东、福建	北京、广东	河北、安徽、黑龙江、内蒙古、山西、吉林、河南	海南、广西、贵州、云南、陕西、甘肃、宁夏、新疆、江西、湖北、湖南、四川、辽宁、重庆
2019	上海、天津、江苏、浙江、山东、福建	北京、广东、重庆	河北、安徽、黑龙江、内蒙古、山西、吉林、河南	海南、广西、贵州、云南、陕西、甘肃、宁夏、新疆、江西、湖北、湖南、四川、辽宁

资料来源：作者根据局部 Moran 指数散点图整理而来。

3.3　本章小结

通过对现有研究进行总结、梳理，本章在对 2011～2019 年我国 29 个省份数字经济发展水平综合指数进行测度的基础上，分析了我国数字经济发展水平的时空演变特征，得出以下结论。

第一，将数字经济发展水平分解为数字经济发展载体、数字产业化、产业数字化、数字经济发展环境 4 个维度，选取了 14 个指标构建数字经济发展水平指标体系，并利用熵值法计算出我国数字经济发展水平综合指数。计算结果表明，各省份数字经济发展水平大多呈强劲增长态势，但省际和区域差距依旧明显。

第二，通过 Kernel 核密度估计法、Dagum 基尼系数及分解法分析全国总体及三大区域数字经济发展水平的时间演变特征。总体而言，我国数字经济发展水平不平衡性呈明显上升态势，虽然各省份数字经济发展水平综合指数的总体基尼系数逐年下降，但却并未影响其总体变化趋势，数字经济发展水平仍然存在显著的地区差异。在三大区域内部，东部、中部、西部地区数字经济发展水平均呈上升趋势，虽然区域内部数字经济发展水平差异逐渐缩小，但是区域内部各省份之间数字经济发展水平仍然存在显著的差异性。其中，东部地区数字经济发展水平不均衡现象最为突出，其次是西部地区，中部地区排第三。同样地，三大区域之间数字经济发展水平差异也呈下降态势，差异数值从大到小排序依次为东—西部、东—中部、中—西部。就差异来源及其贡献而言，我国数字经济发展水平总体差异形成的最主要来源是区域间差异，其次是区域内差异，最后是超变密度，其中，区域间差异对总体差异的贡献远高于区域内差异和超变密度。

第三，通过描述性统计分析法、Moran 指数法分析我国数字经济发展水平的空间分布特征。总体而言，从空间角度来说，我国数字经济发展水平正在经历从低水平、中低水平向中高水平、高水平迈进的演变趋势，但是尽管如此，我国数字经济发展水平依然呈现出发展不平衡、不充分的特征。此外，全局 Moran 指数和局部 Moran 指数的分析结果表明，我国各省份数字经济发展水平存在显著的空间正相关性，数字经济发展是以高—高集聚和低—低集聚为主，并且随着时间推移，空间正相关性呈递增态势。

|第 4 章|
数字经济发展水平影响税收收入的
实证分析——总量视角

数字经济的深入应用和不断发展，能够催生出新产业新业态新服务新产品新模式，推动传统产业转型升级，并极大地促进经济总量增加，进而为税收收入增长带来较大的空间。为此，本章通过建立双向固定效应模型，运用 2011～2019 年省级面板数据论证数字经济发展水平对税收收入的影响程度。

4.1　研究假设

基于第 2 章的作用机制分析，本章提出以下假设。

假设 4-1：数字经济发展水平对税收收入具有显著的促进作用。

假设 4-2：工业化程度在数字经济发展水平对税收收入的影响中发挥着正向调节作用。

假设 4-3：数字经济发展水平促进税收收入增长，是通过推动产业结构高级化实现的。

4.2 模型构建

本章分别构建数字经济发展水平对税收收入影响的基准回归模型、调节效应模型和影响机制模型，考察数字经济发展水平对税收收入的影响及作用机制。

4.2.1 基准回归模型构建

本章采用双向固定效应方法检验数字经济发展水平对税收收入的影响。双向固定效应是在省级面板数据模型中，分别控制了时间和省份固定效应。基准回归模型设置如下：

$$\ln y_{it} = \alpha_0 + \beta_0 de_{it} + \gamma_0 controls_{it} + \lambda_{1t} + \mu_{1i} + \varepsilon_{1it} \quad (4-1)$$

其中，i 表示省份，t 表示时间；被解释变量 y_{it} 表示 i 省份第 t 年的税收收入；核心解释变量 de_{it} 表示 i 省份第 t 年的数字经济发展水平；$controls_{it}$ 表示控制变量组；λ_{1t} 表示年份固定效应；μ_{1i} 表示省份固定效应；α_0、β_0、γ_0 表示待估参数；ε_{1it} 表示随机扰动项。

4.2.2 调节效应模型构建

为了检验工业化程度是否在数字经济发展水平对税收收入的影响中发挥着调节作用，本章借鉴江艇（2022）的做法，构建如下调节效应模型：

$$\ln y_{it} = \alpha_1 + \beta_1 de_{it} + \beta_2 de_{it} \times indu_{it} + \gamma_1 controls_{it} + \lambda_{2t} + \mu_{2i} + \varepsilon_{2it}$$

$$(4-2)$$

其中，$Indu_{it}$ 表示 i 省份第 t 年的工业化程度，在控制变量组中，式（4-2）在式（4-1）的基础上还加入了工业化程度变量，其余变量均与式（4-1）一致。本章重点关注数字经济发展水平系数 β_1 以及数字经济发展水平和工业化程度的交互项系数 β_2，若 $\beta_1 > 0$ 且

$\beta_2 > 0$，说明工业化程度强化了数字经济发展水平对税收收入的正向推动作用；若 $\beta_1 > 0$ 且 $\beta_2 < 0$，则说明工业化程度弱化了数字经济发展水平对税收收入的正向推动作用。

4.2.3　影响机制模型构建

为了验证数字经济发展水平通过产业结构高级化对税收收入的影响，本章借鉴王锋和葛星（2022）的实证策略，构建如下计量模型检验这一机制：

$$ais_{it} = \alpha_2 + \beta_3 de_{it} + \gamma_2 controls_{it} + \lambda_{3t} + \mu_{3i} + \varepsilon_{3it} \qquad (4-3)$$

$$\ln y_{it} = \alpha_3 + \beta_4 ais_{it} + \gamma_3 controls_{it} + \lambda_{4t} + \mu_{4i} + \varepsilon_{4it} \qquad (4-4)$$

其中，ais_{it} 表示 i 省份第 t 年的产业结构高级化指标，其余变量均和式（4-1）一致。在式（4-3）中，以数字经济发展水平作为核心解释变量，以产业结构高级化作为被解释变量，考察数字经济发展水平对产业结构高级化的影响；在式（4-4）中，以产业结构高级化作为核心解释变量，以税收收入作为被解释变量，检验产业结构高级化对于税收收入的影响。

4.3　变量选取与数据来源

分别阐述被解释变量、核心解释变量、机制变量、调节变量、控制变量的选取以及数据来源。

4.3.1　变量选取

4.3.1.1　被解释变量

选取我国29个省份的税收收入总额作为被解释变量。由于各省份的税收收入总额较大，因而对其作取自然对数处理，记为 $\ln y$。这样做的目的是一方面能够使得变量更符合正态分布的假设，从而减少数据的波动性；另一方面能够便于发现核心解释变量对于被解释变量的作用程度。

4.3.1.2 核心解释变量

选取第 3 章计算出来的我国 29 个省份的数字经济发展水平综合指数作为核心解释变量，来衡量数字经济发展水平，记作 de。

4.3.1.3 机制变量

选取产业结构高级化作为机制变量。产业结构高级化实际上是产业结构优化升级的一种衡量方式，目前主要有产业产值比重法、产业结构层次系数法、Moore 结构变动指数法以及夹角余弦法四种衡量产业结构高级化的方法（钟坚和王锋波，2022）。其中，产业产值比重法能够反映产业结构变动的绝对水平，一般用非农产业产值比率、第三产业产值与第二产业产值之比（干春晖等，2011）、第二产业增加值与第三产业增加值之比（林子秋和李应博，2022）等指标来衡量；产业结构层次系数法主要是通过考察产业结构变化的方向，并通过赋予其不同权重来衡量地区产业结构高级化水平；Moore 结构变动指数法主要用于比较不同时期产业结构的演化速度；而夹角余弦法是对 Moore 结构变动指数法的改进。

通过比较上述四种方法，借鉴林子秋和李应博（2022）的做法，选取产业产值比重法，以第二产业增加值与第三产业增加值之比来衡量产业结构高级化程度，记为 ais。

4.3.1.4 调节变量

选取我国 29 个省份的工业化增加值与地区生产总值的比重作为调节变量来衡量工业化程度，记作 $indu$。

4.3.1.5 控制变量

为了排除其他可能的影响因素对税收收入的干扰，选取以下控制变量。

第一，地区经济发展水平，以我国 29 个省份的 GDP 增长率来衡量，记为 gdp。

第二，人口密度，以我国 29 个省份的期末人口数与区域面积的比值来衡量，并对其作取自然对数处理，记作 $popu$。

第三，政府干预程度，以我国 29 个省份的一般公共预算支出占 GDP 的比重来表示，记为 gov。

第四，财政自主权，以我国 29 个省份的一般公共预算收入和一般公共预算支出的比重来衡量，记作 $fina$。

第五，就业状况，以我国 29 个省份的就业人员数来表示，并对其作取自然对数处理，记为 $empl$。

4.3.2　数据来源

本章通过建立面板数据模型，利用 2011~2019 年我国 29 个省份的数据检验数字经济发展水平对税收收入的影响。相关数据主要来源于《中国统计年鉴》、《中国税务年鉴》、《中国城市统计年鉴》、各省份统计年鉴、Wind 数据库、国家统计局官网以及各省份国民经济和社会发展统计公报。各主要变量的描述性统计结果如表 4-1 所示。

表 4-1　　　　　　　　各主要变量描述性统计结果

变量类型	变量名称	符号	含义	样本量	均值	标准差	最小值	最大值
被解释变量	税收收入	lny	各省份税收收入总额的自然对数	261	7.347	0.785	5.177	9.217
核心解释变量	数字经济发展水平	de	数字经济发展水平综合指数	261	0.122	0.114	0.007	0.815

续表

变量类型	变量名称	符号	含义	样本量	均值	标准差	最小值	最大值
控制变量	地区经济发展水平	*gdp*	各省份 GDP 增长率	261	0.102	0.050	-0.040	0.260
	人口密度	*popu*	（期末人口/区域面积）的自然对数	261	5.576	1.134	2.585	8.250
	政府干预程度	*gov*	一般公共预算支出/GDP	261	0.250	0.085	0.120	0.465
	财政自主权	*fina*	一般公共预算收入/一般公共预算支出	261	0.516	0.182	0.215	0.931
	就业状况	*empl*	各省份就业人员数的自然对数	261	0.282	0.176	0.034	0.715
机制变量	产业结构高级化	*ais*	第二产业增加值/第三产业增加值	261	0.903	0.287	0.191	1.897
调节变量	工业化程度	*indu*	工业化增加值/地区生产总值	261	0.345	0.081	0.112	0.574

资料来源：利用 Stata15.0 软件测算得出。

4.4 基准回归结果分析

表 4-2 为数字经济发展水平对税收收入影响的基准回归结果。在不考虑内生性问题的前提下，本章采用双固定效应模型考察数字经济发展水平对税收收入的影响，回归结果如表 4-2 列（5）所示。基准回归结果表明，数字经济发展水平与税收收入之间

呈正相关关系，数字经济发展水平每增加 1 个单位，税收收入增加约 0.487%，且回归结果通过了 1% 的显著性水平检验，验证了假设 4-1。

表 4-2　　　　　　　　　　　基准回归结果

被解释变量	税收收入（lny）				
	（1）	（2）	（3）	（4）	（5）
数字经济发展水平 de	0.742 *** (0.164)	0.669 *** (0.164)	0.549 *** (0.164)	0.544 *** (0.164)	0.487 *** (0.167)
财政自主权 fina	2.246 *** (0.185)	2.184 *** (0.184)	2.076 *** (0.182)	2.068 *** (0.182)	2.034 *** (0.183)
地区经济发展水平 gdp		0.533 *** (0.199)	0.515 *** (0.194)	0.529 *** (0.194)	0.489 ** (0.195)
人口密度 popu			1.202 *** (0.346)	1.198 *** (0.346)	1.043 *** (0.358)
政府干预程度 gov				0.311 (0.265)	0.294 (0.265)
就业状况 empl					0.766 (0.471)
常数项	5.733 *** (0.102)	5.663 *** (0.104)	-0.956 (1.906)	-0.989 (1.903)	-0.301 (1.943)
时间效应	是	是	是	是	是
地区效应	是	是	是	是	是
R^2	0.894	0.898	0.903	0.904	0.905
观测值	261	261	261	261	261

注：***、** 和 * 分别表示 1%、5% 和 10% 的显著性水平，括号内为稳健标准误。若无特殊说明，以下各表均与此表相同。
资料来源：利用 Stata15.0 软件测算得出。

就控制变量而言，财政自主权、地区经济发展水平、人口密度都会对税收收入产生显著的正向影响；但是就业状况、政府干预程度的回归结果并不显著，这就意味着它们对于税收收入的正向影响还未显现。此外，表4-2列（1）为加入财政自主权的回归结果，在列（2）~（5）中逐步加入地区经济发展水平、人口密度、政府干预程度、就业状况等控制变量进行回归。结果表明，在所有的回归结果中，数字经济发展水平与税收收入之间均呈显著的正相关关系。

4.5 稳健性检验

为了缓解因指标选取、计量方法、遗漏变量等问题造成的估计偏误，分别使用工具变量法、排除政策干扰以及剔除直辖市数据等方法进行稳健性检验。

4.5.1 内生性与工具变量

上述基准回归结果可能存在一定的内生性偏误，比如遗漏变量、数字经济发展水平和税收收入之间的双向因果关系等。为核心解释变量选取适当的工具变量，是解决内生性问题的主要方法，因此，本章通过工具变量法来缓解可能存在的内生性问题。有效的工具变量须同时满足外生性和相关性两个条件（郭家堂和骆品亮，2016）。借鉴黄群慧等（2019）的研究思路，本书选取1984年各省份的邮局数量作为数字经济发展水平的工具变量。一方面，数字经济的快速发展离不开互联网技术的支持，而互联网技术普及以前，人们的沟通方式主要是依靠邮局系统，邮局布局通过影响互联网的使用技术与习惯养成来影响互联网的普及和发展。因而从这一意义上说，以1984年各省份的邮局数量作为工具变量满足相关性的要求。另一方面，与数字经济的快速发展相比，1984年的邮局数量对于目前税收收入的影响正在消失，因此，这个工具变量也同时能够满足外生性的要求。但值得注意的是，选择1984年的邮局数量无法直接用于面板数据的分析。因此借鉴柏培文和喻理（2021）的研究思路，以2010~2018年全国互联网端口数分别和1984年邮局数量的交互项（iv），作为该省份数字经济发展水平的工具变量。构建如下2SLS回归模型：

$$de_{it} = \alpha_4 + \beta_5 iv_{it} + \gamma_4 controls_{it} + \lambda_{5t} + \mu_{5i} + \eta_{it} \qquad (4-5)$$

$$\ln y_{it} = \alpha_5 + \beta_6 \overline{de}_{it} + \gamma_5 controls_{it} + \lambda_{6t} + \mu_{6i} + \xi_{it} \qquad (4-6)$$

其中，iv_{it} 为数字经济发展水平的工具变量，即 i 省份第 t 年的全国互联网端口数和1984年邮局数量的交互项；$\overline{de}_{it}$ 表示第一阶段回归得到的数字经济发展水平的拟合值；η_{it}、ζ_{it} 表示随机扰动项；其余变量均和式（4-1）一致。式（4-5）为2SLS的第一阶段回归模型，采用数字经济发展水平对工具变量进行回归；式（4-6）为2SLS的第二阶段回归模型，采用税收收入对第一阶段回归得到的数字经济发展水平的拟合值进行回归。

2SLS的第一阶段回归结果如表4-3列（1）所示。其中第一阶段回归中F统计量的值为103.595 > 10，表明工具变量 iv 和数字经济发展水平的相关性较强，不存在弱工具变量问题，采用这一工具变量较为有效。第二阶段回归结果如表4-3列（2）所示。回归结果表明，数字经济发展水平能够显著促进税收收入增长，数字经济发展水平每增加1个单位，税收收入增加约6.136%。此外，值得注意的是，和基准回归结果相比，在第二阶段回归结果中，核心解释变量 de 的回归系数值有明显的增加。这就说明如果不对相应的内生性问题进行处理，可能会严重低估数字经济发展水平对税收收入的促进作用。

4.5.2 排除政策干扰

2015 年和 2017 年是数字经济发展的重要时间节点，2015 年国务院发布了《关于积极推进"互联网+"行动的指导意见》，2017 年《政府工作报告》中首次出现"数字经济"一词。因此，借鉴邓达等（2021）的做法，在控制时间固定效应时加入两个虚拟变量 $D1$ 和 $D2$，设置如下回归模型：

$$\ln y_{it} = \alpha_6 + \beta_7 de_{it} + \gamma_6 controls_{it} + \rho_1 D1_t + \rho_2 D2_t + \lambda_{7t} + \mu_{7i} + \varepsilon_{5it}$$

$$(4-7)$$

其中，若年份为 2015 年，则 $D1=1$，否则，$D1=0$；若年份为 2017 年，则 $D2=1$，否则，$D2=0$；ρ_1、ρ_2 表示待估参数。其他变量均和式（4-1）一致。

运用双固定效应模型对式（4-7）进行回归，回归结果如表 4-3 列（3）所示，结果表明，数字经济发展水平每增加 1 个单位，税收收入增加约 0.487%。

4.5.3 剔除直辖市数据

由于直辖市数据具有一定的特殊性，因此将北京、上海、天津、重庆四个直辖市数据剔除，运用双固定效应模型进行回归，回归结果如表 4-3 列（4）所示。结果表明，数字经济发展水平与税收收入之间呈现出显著的正相关关系，数字经济发展水平每增加 1 个单位，税收收入增加约 1.218%。

综上所述，数字经济发展水平对税收收入的影响与前文分析并无明显的差异，说明基准回归结果较为稳健。

表 4 - 3 　　　　　　　　　稳健性检验回归结果

变量	数字经济发展水平（de）	税收收入（lny）		
	(1)	(2)	(3)	(4)
数字经济发展水平 de		6.136 *** (0.491)	0.487 *** (0.167)	1.218 *** (0.409)
地区经济发展水平 gdp	0.003 (0.041)	0.118 (0.436)	0.489 ** (0.195)	0.534 ** (0.213)
政府干预程度 gov	0.571 *** (0.098)	1.876 *** (0.568)	0.294 (0.265)	0.381 (0.297)
人口密度 popu	0.041 *** (0.006)	− 0.218 (0.028)	1.043 *** (0.358)	1.071 ** (0.487)
财政自主权 fina	0.328 *** (0.036)	0.717 *** (0.180)	2.034 *** (0.183)	2.202 *** (0.212)
就业状况 empl	− 0.217 (0.041)	2.568 *** (0.195)	0.766 (0.471)	0.338 (0.531)
工具变量 iv	0.061 *** (0.006)			
常数项	− 0.836 *** (0.093)	7.178 *** (0.309)	− 0.301 (1.943)	− 0.213 (2.504)
D1	—	—	0.441 *** (0.037)	—
D2	—	—	0.519 *** (0.033)	—
时间效应	是	是	是	是
地区效应	是	是	是	是
R^2	0.644	0.774	0.905	0.905
观测值	261	261	261	225
F 值	103.595	—	—	—

资料来源：利用 Stata15.0 软件测算得出。

4.6 异质性分析

本书分别考察了数字经济发展水平在不同产业税收收入、不同税种和不同分位点之间的异质性特征。

4.6.1 分产业税收收入异质性

数字经济深入发展对不同产业税收收入是否会产生不同程度的影响？为了验证这一猜想，本书分别以第二产业税收收入、第三产业税收收入的自然对数值作为被解释变量，检验数字经济发展水平对不同产业税收收入的影响，回归结果如表 4-4 列（1）、列（2）所示。回归结果表明，数字经济深入发展对第二产业以及第三产业税收收入的提高都具有促进作用，但是对于第三产业税收收入的促进作用显著，而对于第二产业税收收入的促进作用还未显现。其中，对于第三产业税收收入而言，数字经济发展水平每增加 1 个单位，第三产业税收收入提高约 0.479%。这可能是由于数字经济行业大多属于第三产业，数字经济快速发展带动了第三产业产值增加，进而导致数字经济发展对于第三产业税收收入的促进作用显著，而对于第二产业税收收入的促进作用还未显现。

4.6.2 分税种异质性

数字经济发展在不同税种之间呈现出怎样的特征？本书分别以增值税收入、企业所得税收入的自然对数值作为被解释变量，检验数字经济发展水平对增值税以及企业所得税的影响，回归结果如表 4-4 列（3）、列（4）所示。回归结果表明，数字经济深入发展对增值税收入和企业所得税收入的提高都具有促进作用，但是对于增值税收入的促进作用显著，而对于企业所得税收入的促进作用还未显现。其中，对于增值税收入而言，数字经济发展水平每增加1 个单位，增值税收入提高约 0.982%。

表 4-4　　　　　　　　　异质性分析回归结果

变量	第二产业税收（lnseco）	第三产业税收（lnthir）	增值税（lnvat）	企业所得税（lncor）	税收收入（lny）			
	(1)	(2)	(3)	(4)	(5) 25分位	(6) 50分位	(7) 75分位	(8) 90分位
数字经济发展水平 de	0.058 (0.406)	0.479** (0.221)	0.982*** (0.259)	0.202 (0.370)	3.202*** (0.452)	3.421*** (0.432)	3.469*** (0.314)	3.469*** (0.302)
地区经济发展水平 gdp	-0.626 (0.474)	0.805*** (0.258)	0.266 (0.302)	0.143 (0.432)	1.926*** (0.528)	1.070*** (0.361)	-0.611 (0.399)	-0.518 (0.584)
政府干预程度 gov	0.263 (0.643)	1.431*** (0.350)	2.326*** (0.410)	1.452** (0.586)	2.556** (0.988)	1.878*** (0.711)	-0.520 (0.639)	0.192 (0.510)
人口密度 popu	1.177 (0.869)	0.870* (0.473)	0.832 (0.555)	1.488* (0.792)	-0.217 (0.040)	0.153*** (0.032)	0.063** (0.026)	0.032* (0.019)
财政自主权 fina	1.754*** (0.444)	1.510*** (0.242)	1.755*** (0.283)	1.628*** (0.404)	1.608*** (0.290)	1.475*** (0.236)	1.495*** (0.181)	1.464*** (0.143)
就业状况 empl	0.444 (1.145)	-0.076 (0.623)	-0.960 (0.730)	0.783 (1.043)	2.098*** (0.210)	2.114*** (0.173)	1.959*** (0.126)	1.916*** (0.141)
常数项	-0.681 (4.722)	1.635 (2.572)	1.819 (3.013)	-3.060 (4.301)	7.440*** (0.532)	7.038*** (0.398)	6.347*** (0.323)	6.095*** (0.222)
时间效应	是	是	是	是	是	是	是	是
地区效应	是	是	是	是	是	是	是	是
R^2	0.709	0.703	0.907	0.655	0.650	0.683	0.739	0.767
观测值	261	261	261	261	261	261	261	261

资料来源：利用 Stata15.0 软件测算得出。

4.6.3 面板分位数回归

为了进一步检验在税收收入的不同分位点上，数字经济发展水平对税收收入的影响，本书采用面板分位数回归法对此进行分析，选取 25%、50%、75%、90% 这 4 个具有代表性的分位点，回归结果如表 4 – 4 列（5）~（8）所示。回归结果表明，在代表性分位点上，数字经济发展水平对税收收入的影响系数均显著为正，这就表明数字经济发展水平能够显著促进税收收入增加，且随着分位点的增加，数字经济发展水平的回归系数呈递增的变化态势。具体而言，在 25 分位点处，数字经济发展水平每增加 1 个单位，税收收入提高约 3.202%；在 50 分位点处，数字经济发展水平每增加 1 个单位，税收收入提高约 3.421%；而在 75 分位点处，数字经济发展水平每增加 1 个单位，使得税收收入提高约 3.469%；当分位点为 90 时，数字经济发展水平每增加 1 个单位，税收收入提高约 3.469%。这也就说明，就不同的分位点而言，对于税收收入越高的区域，数字经济发展水平对其促进作用愈加明显。究其原因，可能是税收收入越高的地区往往是经济较为发达的地区，和经济欠发达地区相比，这些地区发展数字经济的条件更加完善，数字经济发展水平也越高，因而可以进一步促进其税收收入增长。

4.7 调节效应检验

前文从理论上分析了工业化程度在数字经济发展水平对税收收入影响方面的作用机制，调节效应回归结果如表 4 – 5 列（1）所示。结果表明，数字经济发展水平的系数为 0.256 > 0，数字经济发展水平和工业化程度的交互项系数为 2.065 > 0，并且均通过了统计显著性检验。这就表明工业化程度在数字经济发展水平对税收收入的影响中发挥着正向调节效应，也即工业化程度的提高强化了数字经济发展水平对税收收入的促进作用，验证了假设4－2。

表4－5　　　　　　　　调节效应检验回归结果

变量	税收收入（lny）
	(1)
工业化程度×数字经济发展水平 Indu×de	2.065** (0.962)
数字经济发展水平 de	0.256* (0.184)
地区经济发展水平 gdp	0.428** (0.194)
政府干预程度 gov	0.541* (0.280)
人口密度 popu	0.881** (0.358)
财政自主权 fina	2.033*** (0.183)
就业状况 empl	0.495 (0.477)
工业化程度 indu	0.429 (0.274)
常数项	0.424 (1.944)
时间效应	是
地区效应	是
R^2	0.908
观测值	261

资料来源：利用Stata15.0软件测算得出。

4.8　影响机制检验

按照前文的理论分析，数字经济发展水平提高税收收入，是通过促进产业结构高级化实现的。为了验证这一机制是否存在，本书选取产业结构高级化指标作为机制变量，用于检验数字经济发展水平通过产业结构高级化对税收收入的影响。

表4－6列（1）为数字经济发展水平对产业结构高级化影响的回归结果，结果表明，数字经济发展水平每增加1个单位，产业结构高级化提高约0.999个单位，且通过了1%的显著性水平检验。这就说明数字经济深入发展，带动了产业结构高级化转型。本书进而验证了产业结构高级化对税收收入的影响，回归结果如表4－6列（2）所示，结果显示，产业结构高级化每提高1个单位，税收收入提高约0.179%，且同样通过了1%的显著性水平检验。这就说明，数字经济发展水平提高税收收入，是通过带动产业结构高级化实现的，进而验证了假设4－3。

表4－6　　　　　　　　　　影响机制检验回归结果

变量	产业结构高级化（ais）	税收收入（lny）
	（1）	（2）
数字经济发展水平 de	0.999 *** (0.197)	
产业结构高级化 ais		0.179 *** (0.054)
地区经济发展水平 gdp	0.166 (0.230)	0.504 *** (0.193)
政府干预程度 gov	1.655 *** (0.312)	0.598 ** (0.277)

续表

变量	产业结构高级化（ais）	税收收入（lny）
	（1）	（2）
人口密度 popu	0.764 * （0.422）	1.000 *** （0.357）
财政自主权 fina	0.358 * （0.216）	1.876 *** （0.174）
就业状况 empl	0.370 （0.556）	0.883 * （0.461）
常数项	-3.095 （2.295）	-0.261 （1.929）
时间效应	是	是
地区效应	是	是
R^2	0.813	0.906
观测值	261	261

资料来源：利用 Stata15.0 软件测算得出。

4.9 进一步分析

为了检验数字经济发展水平对税收收入影响的空间特征，本章进一步采用空间计量回归对这一问题进行分析。首先检验 2011～2019 年我国税收收入的空间相关性，由表 4 - 7 可以看出，在 W_1 矩阵、W_2 矩阵、W_3 矩阵三类权重矩阵下，我国税收收入在样本期间内均存在显著的空间正相关性，且总体而言 Moran 指数值呈上升态势，空间正相关性逐渐增强，表明选择空间计量模型分析较为合理[1]。其次分别进行 Wald 检验和 LR 检验，结果显示均通过了显著

---

[1] 本章的 W_1 矩阵、W_2 矩阵、W_3 矩阵和第 3 章中的矩阵一致。

性检验，拒绝原假设，由此表明空间杜宾模型（SDM）不能简化为空间滞后模型（SLM）和空间误差模型（SEM）。最后，豪斯曼（Hausman）统计量显著，故本书选择固定效应的 SDM 模型进行实证分析。

表 4 – 7   2011 ~ 2019 年税收收入全局莫兰指数

年份	W_1 矩阵	W_2 矩阵	W_3 矩阵
2011	0. 172 **	0. 051 ***	0. 048 **
2012	0. 163 *	0. 047 ***	0. 043 **
2013	0. 173 **	0. 049 ***	0. 046 **
2014	0. 201 **	0. 055 ***	0. 052 **
2015	0. 239 **	0. 066 ***	0. 063 ***
2016	0. 244 **	0. 070 ***	0. 067 ***
2017	0. 233 **	0. 067 ***	0. 064 ***
2018	0. 227 **	0. 064 ***	0. 060 ***
2019	0. 233 **	0. 067 ***	0. 063 ***

资料来源：根据 2012 ~ 2020 年《中国统计年鉴》中各省份税收收入总额数据，利用 Stata15. 0 软件测算得出。

空间计量回归结果如表 4 – 8 列（1）~（3）所示。可以看出，在三类权重矩阵下，空间自回归系数的估计值（rho）分别为 0. 579、0. 495、0. 466，并且通过了 1% 的显著性水平检验，存在空间自回归效应。这也就表明，数字经济发展水平不仅能够有效促进本地区税收收入增长，还对其他地区的税收收入增长具有显著促进作用。在 W_1 矩阵下，数字经济发展水平每增加 1 个单位，其本地税收收入增加约 0. 787%，相邻省份税收收入增加约 0. 252%。在 W_2 矩阵下，数字经济发展水平每增加 1 个单位，其本地税收收入增加约 0. 509%，地理距离邻近省份税收收入增加约 1. 024%。在

W_3 矩阵下，数字经济发展水平每增加 1 个单位，其本地税收收入增加约 0.474%，经济距离邻近省份税收收入增加约 0.531%。

表 4 - 8　　　　　　　　　　空间计量回归结果

变量	税收收入（$\ln y$）		
	（1）W_1 矩阵	（2）W_2 矩阵	（3）W_3 矩阵
main 数字经济发展水平 *de*	0.787 *** （0.168）	0.509 *** （0.161）	0.474 *** （0.162）
地区经济发展水平 *gdp*	0.337 * （0.182）	0.500 *** （0.181）	0.504 *** （0.179）
政府干预程度 *gov*	0.537 ** （0.271）	0.533 ** （0.253）	0.483 ** （0.247）
人口密度 *popu*	1.454 *** （0.362）	1.021 *** （0.350）	1.052 *** （0.351）
财政自主权 *fina*	1.904 *** （0.172）	2.030 *** （0.166）	1.986 *** （0.164）
就业状况 *empl*	0.033 （0.481）	0.444 （0.451）	0.342 （0.453）
wx 数字经济发展水平 *de*	0.252 ** （0.282）	1.024 * （0.594）	0.531 ** （0.437）
地区经济发展水平 *gdp*	0.568 *** （0.219）	− 0.362 （0.379）	− 0.579 （0.373）
政府干预程度 *gov*	0.435 （0.520）	0.826 （1.405）	− 0.420 （1.314）
人口密度 *popu*	0.499 （0.579）	1.781 （2.137）	3.190 （2.049）
财政自主权 *fina*	0.995 *** （0.335）	− 0.249 （0.845）	− 0.545 （0.805）
就业状况 *empl*	0.333 （0.934）	2.272 （2.294）	2.080 （2.296）
空间自回归系数 *rho*	0.579 *** （0.055）	0.495 *** （0.110）	0.466 *** （0.112）

变量	税收收入（lny）		
	（1）W_1 矩阵	（2）W_2 矩阵	（3）W_3 矩阵
sigma2_e	0.005 *** (0.0004)	0.004 *** (0.0004)	0.004 *** (0.0004)
时间效应	是	是	是
地区效应	是	是	是
R^2	0.237	0.475	0.407
观测值	261	261	261

资料来源：利用 Stata15.0 软件测算得出。

此外，表 4 - 9 汇报了 SDM 模型的效应分解结果。其中，直接效应表示数字经济发展水平对本省内部税收收入产生的影响；间接效应表示数字经济发展水平对除本省以外的其他省份税收收入产生的影响；总效应表示直接效应和间接效应的加总。由表 4 - 8 可知，在三类权重矩阵下，数字经济发展水平不仅能够显著促进省份内部税收收入增长，还能对其他省份税收收入增长起到显著的正向溢出效应。

表 4 - 9   **空间效应分解结果**

变量	税收收入（lny）								
	（1）W_1 矩阵			（2）W_2 矩阵			（3）W_3 矩阵		
	直接效应	间接效应	总效应	直接效应	间接效应	总效应	直接效应	间接效应	总效应
数字经济发展水平 de	0.917 *** (0.174)	1.506 *** (0.493)	2.423 *** (0.567)	0.568 *** (0.166)	2.532 ** (1.108)	3.100 *** (1.157)	0.507 *** (0.166)	1.419 * (0.781)	1.926 ** (0.836)
地区经济发展水平 gdp	0.245 * (0.148)	0.856 ** (0.344)	0.611 * (0.359)	0.476 *** (0.151)	-0.259 (0.628)	0.217 (0.624)	0.471 *** (0.149)	-0.673 (0.560)	-0.201 (0.550)

变量	税收收入（lny）								
	（1）W_1 矩阵			（2）W_2 矩阵			（3）W_3 矩阵		
	直接效应	间接效应	总效应	直接效应	间接效应	总效应	直接效应	间接效应	总效应
政府干预程度 gov	0.685 ** (0.347)	1.516 (1.239)	2.201 (1.484)	0.595 ** (0.285)	1.944 (2.821)	2.538 (2.936)	0.487 * (0.272)	−0.568 (2.496)	−0.081 (2.581)
人口密度 popu	1.729 *** (0.434)	2.873 ** (1.196)	4.602 *** (1.467)	1.132 *** (0.407)	3.893 (3.722)	5.025 (3.920)	1.217 *** (0.405)	6.327 ** (3.116)	7.543 ** (3.322)
财政自主权 fina	1.892 *** (0.214)	0.216 (0.684)	2.108 *** (0.804)	2.033 *** (0.191)	1.430 (1.386)	3.463 ** (1.438)	1.972 *** (0.187)	0.676 (1.279)	2.648 ** (1.320)
就业状况 empl	0.125 (0.586)	0.705 (2.437)	0.830 (2.854)	0.591 (0.491)	5.204 (5.541)	5.795 (5.782)	0.468 (0.489)	4.380 (5.162)	4.848 (5.392)

资料来源：利用 Stata15.0 软件测算得出。

4.10　本章小结

本章基于前文测算出来的数字经济发展水平综合指数，通过建立省级面板数据模型，实证分析了 2011～2019 年我国 29 个省份数字经济发展水平对税收收入的影响，得出如下结论。

第一，数字经济发展能够显著促进税收收入增长，数字经济发展水平每增加 1 个单位，税收收入增加约 0.487%。

第二，数字经济发展水平提高税收收入，是通过促进产业结构高级化实现的。数字经济发展水平每增加 1 个单位，产业结构高级化提高约 0.999 个单位；产业结构高级化每提高 1 个单位，税收收入提高约 0.179%。

第三，调节效应检验结果表明，工业化程度的提高在数字经济发展水平对税收收入的影响中发挥着正向调节效应，也即工业化程度的提高强化了数字经济发展水平对税收收入的促进作用。

第四，数字经济发展水平在不同产业税收收入、不同税种以及不同分位点之间呈现出明显的异质性特征。从产业税收收入来看，数字经济深入发展对第二产业以及第三产业税收收入的提高都具有促进作用，但是对于第三产业税收收入的促进作用显著，而对于第二产业税收收入的促进作用还未显现。其中，对于第三产业税收收入而言，数字经济发展水平每增加 1 个单位，第三产业税收收入提高约 0.479%。从税种来看，数字经济深入发展对增值税收入和企业所得税收入的提高都具有促进作用，但是对于增值税收入的促进作用显著，而对于企业所得税收入的促进作用还未显现。其中，对于增值税收入而言，数字经济发展水平每增加 1 个单位，增值税收入提高约 0.982%。从分位数回归结果来看，数字经济发展水平的分位数回归系数随分位数增加呈上升态势，即从 25 分位的 3.202%增加至 90 分位的 3.469%，这也就说明，就不同的分位点而言，对于税收收入越高的区域，数字经济发展水平对其促进作用愈加明显。

第五，数字经济发展水平对税收收入的影响存在显著的空间正相关性，空间计量回归结果表明，数字经济发展水平不仅能够显著促进省份内部税收收入增长，还能对其他省份税收收入增长起到显著的正向溢出效应。

第 5 章

数字产业化发展对税收收入影响的
实证分析——结构视角

数字产业化是数字经济发展的基础和先导产业，作为国民经济的重要组成部分，数字产业化本身的集聚所带来的规模增加，能够带来经济总量的提升，进而促进税收收入增长。为此，本章通过建立双向固定效应模型，运用 2011~2019 年省级面板数据研究数字产业化发展对税收收入的影响程度。

5.1　研究假设

基于第 2 章的作用机制分析，本章提出如下假设。

假设 5-1：数字产业化深入发展能够显著促进税收收入增长。

假设 5-2：数字产业化发展对税收收入的促进作用，是通过推动产业结构高级化实现的。

5.2　数字产业化规模测算

5.2.1　全国数字产业化规模测算

鉴于增加值数据以及互联网行业相关数据无法获取，因此，结合现有相关研究，本书选取电子信息制造业营业收入、电信业务总量、软件业务收入之和衡量数字产业化规模，相关数据来源于2012～2020年《中国电子信息产业统计年鉴》和《中国统计年鉴》。

2011～2019年全国数字产业化规模如表5-1所示。总体而言，2011～2019年，我国数字产业化规模呈逐年上升态势，从2011年的105394.70亿元上升至2019年的311664.33亿元。数字产业化规模占同期GDP的比重也呈上升趋势，从2011年的21.60%上升至2019年的31.59%。此外，2012～2019年，数字产业化增长率呈"下降—上升"的"U"型变化特征，增长率依次为16.03%、13.96%、13.36%、12.21%、8.77%、10.24%、19.04%、23.16%，年平均增长率为14.51%。由此可见，近年来我国数字产业化规模保持着强劲的增长态势。

表5-1　　　　　　2011～2019年全国数字产业化规模

年份	规模（亿元）	占GDP比重（%）	增长率（%）
2011	105394.70	21.60	—
2012	122289.73	22.71	16.03
2013	139366.43	23.50	13.96
2014	157985.96	24.55	13.36
2015	177281.20	25.74	12.21
2016	192830.47	25.83	8.77
2017	212574.01	25.55	10.24
2018	253048.81	27.53	19.04
2019	311664.33	31.59	23.16

注："—"表示数据缺失（下同）。
资料来源：GDP数据来源于国家统计局官网；全国数字产业化规模、占GDP比重和增长率数据是作者自行计算而来。

5.2.2 各省份数字产业化规模测算

表 5 - 2 为 2011 ~ 2019 年各省份数字产业化规模。测算结果显示，2011 ~ 2019 年，我国各省份数字产业化规模均表现为正向增长。具体而言，以 2019 年为例，广东、江苏、浙江、北京、四川、山东的数字产业化规模处于领先行列，而宁夏、海南、黑龙江、甘肃、吉林的数字产业化规模较低。此外，就数字产业化年平均增长率而言，贵州、云南、甘肃、宁夏、海南的数字产业化增长势头迅猛，年平均增长率均在 32% 以上。但是，数字产业化规模的省际差距却依旧明显。比如，2019 年广东的数字产业化规模大概是宁夏的 77.88 倍。就三大区域而言，三大区域的数字产业化规模均呈逐年递增的态势，其中西部地区数字产业化规模年平均增长率的平均值最高为 30.38%，中部地区次之为 23.08%，东部地区 14.50% 位于第三。但就数字产业化规模总量来看，2019 年东部地区数字产业化规模平均值最高为 18851.11 亿元，中部地区 6281.72 亿元次之，而西部地区 5404.84 亿元处于第三位。东部地区数字产业化规模存量最大，相比而言，中部和西部地区数字产业化规模较低，但是其增长率却快于东部地区。另外，值得注意的是，我国三大区域间数字产业化发展并未表现出趋同态势，而是随着时间推移，地区之间的差距越发明显。

5.3 模型构建

本章构建基准回归模型以及中介效应模型，分别考察数字产业化发展对税收收入的影响及作用机制。

表5—2　2011～2019年各省份数字产业化规模

地区	省份	2011年(亿元)	2012年(亿元)	2013年(亿元)	2014年(亿元)	2015年(亿元)	2016年(亿元)	2017年(亿元)	2018年(亿元)	2019年(亿元)	年均增长率(%)
东部	北京	5930.40	6816.45	7590.00	8519.02	9168.76	9939.10	11715.13	14887.98	18459.86	15.25
	天津	2697.15	3441.74	4216.21	4199.10	4111.93	3938.94	3756.91	4366.71	5204.72	8.56
	河北	1080.91	1226.71	1535.09	1749.08	2001.29	1832.38	2512.75	3805.20	5939.41	23.74
	上海	8288.88	8951.38	9124.09	9741.03	10355.02	10411.83	11528.37	12529.50	14091.13	6.86
	江苏	21829.03	27979.02	28888.24	31805.06	34698.21	36620.20	38253.75	37505.45	39235.11	7.60
	浙江	4891.67	5521.59	6466.22	7745.77	9180.53	11185.66	12059.80	15510.34	20259.60	19.44
	福建	4155.60	4522.85	4884.08	5496.46	6267.61	6743.42	8217.37	10276.68	12126.52	14.32
	山东	7554.65	7549.26	9114.95	10746.73	12331.81	12613.46	12705.24	12641.99	14543.93	8.53
	广东	27727.06	29063.11	32980.91	37132.71	41796.56	48724.55	52650.41	60776.26	70894.82	12.45
	海南	103.19	176.97	214.00	189.15	255.50	235.65	384.46	843.21	1177.71	35.57
	辽宁	3129.62	3890.69	4618.05	4900.56	4681.57	3680.41	3669.40	4081.63	5429.39	7.13
	均值	7944.38	9012.71	9966.53	11111.33	12258.98	13265.97	14313.96	16111.36	18851.11	14.50
中部	山西	495.60	797.84	907.54	1036.60	1165.37	1185.65	1591.90	2451.43	3494.42	27.65
	安徽	1465.74	1464.00	1995.64	2751.20	3448.60	3777.57	4713.52	6101.70	8269.99	24.15
	江西	1484.66	2018.68	2395.63	2892.22	3366.30	3785.55	4498.40	5459.82	7450.66	22.34
	河南	1800.92	2777.14	3662.59	4464.61	5688.73	5619.02	6839.20	8778.14	10848.45	25.17
	湖北	1789.99	2033.12	2863.01	3353.43	3985.45	5357.42	5061.14	6642.02	8482.47	21.47

续表

地区	省份	2011年(亿元)	2012年(亿元)	2013年(亿元)	2014年(亿元)	2015年(亿元)	2016年(亿元)	2017年(亿元)	2018年(亿元)	2019年(亿元)	年均增长率(%)
中部	湖南	1403.25	1935.90	2526.21	2895.83	3405.09	3383.76	3848.19	4988.28	7626.77	23.57
	吉林	547.42	606.35	724.23	807.35	927.93	1181.28	1201.41	1817.51	2237.65	19.24
	黑龙江	399.69	448.46	511.70	583.93	677.24	558.26	844.30	1230.58	1843.35	21.06
	均值	1173.41	1510.19	1948.32	2348.15	2833.09	3106.06	3574.76	4683.69	6281.72	23.08
	内蒙古	362.95	445.88	465.95	517.45	544.21	398.60	690.10	1515.94	2282.17	25.84
	广西	668.86	1011.04	1327.44	1723.37	2261.21	2295.88	2886.20	3515.54	5318.03	29.58
	重庆	1394.25	2216.58	3157.55	4020.33	4635.17	5515.97	6266.58	7390.67	9305.07	26.78
	四川	3849.49	4647.05	5790.81	6613.13	6781.19	7770.59	8299.22	11425.29	14564.47	18.10
	贵州	327.96	365.19	464.86	521.99	840.89	1319.41	1636.65	3037.60	4737.16	39.62
西部	云南	377.21	429.34	527.11	624.53	848.67	666.28	1404.14	2890.04	4724.30	37.16
	陕西	1077.97	1316.99	1656.95	1987.21	2626.08	2879.19	3807.00	5500.90	7817.43	28.10
	甘肃	209.29	237.19	306.45	347.94	450.88	358.47	604.34	1346.28	2137.29	33.70
	宁夏	86.06	92.68	102.55	143.78	221.42	382.76	378.12	607.70	910.25	34.29
	新疆	265.25	306.53	348.39	476.40	557.98	469.20	550.01	1124.41	2252.20	30.65
	均值	861.93	1106.85	1414.81	1697.61	1976.77	2205.63	2652.24	3835.44	5404.84	30.38

资料来源：作者根据相关产业规模数据自行计算而来。

5.3.1 基准回归模型构建

本章采用双向固定效应方法检验数字产业化发展对税收收入的影响，基准回归模型设置如下：

$$\ln y_{it} = \alpha_7 + \beta_8 \ln di_{it} + \gamma_7 controls_{1it} + \lambda_{8t} + \mu_{8i} + \varepsilon_{6it} \quad (5-1)$$

其中，i 表示省份，t 表示时间；被解释变量 y_{it} 表示 i 省份第 t 年的税收收入；核心解释变量 di_{it} 表示 i 省份第 t 年的数字产业化规模；$controls_{1it}$ 表示控制变量组；λ_{8t} 表示年份固定效应；μ_{8i} 表示省份固定效应；α_7、β_8、γ_7 表示待估参数；ε_{6it} 表示随机扰动项。

5.3.2 中介效应模型构建

5.3.2.1 中介效应模型简介

当考察自变量（X）对因变量（Y）的影响时，若 X 是通过变量 M 对 Y 产生影响，那么 M 被称为中介变量。

假设所有变量都已经中心化，可以用以下方程来描述变量之间的关系：

$$Y = cX + a_1 \quad (5-2)$$

$$M = bX + a_2 \quad (5-3)$$

$$Y = c'X + dM + a_3 \quad (5-4)$$

其中，在式（5-2）中，c 是解释变量（X）对被解释变量（Y）的总效应；在式（5-3）中，b 是解释变量（X）对中介变量（M）的效应；在式（5-4）中，d 是在控制了解释变量（X）的影响之后，中介变量（M）对被解释变量（Y）的效应，其中，c' 是在控制了中介变量（M）的影响以后，解释变量（X）对被解释变量（Y）的直接效应；a_1、a_2、a_3 为回归残差。

假设被解释变量（Y）和解释变量（X）的相关显著，意味着

系数 c 显著，在此前提下考虑中介变量（M）。目前主要有三种方法来检验中介效应是否显著。

第一，依次检验回归系数。若以下两个条件成立，那么中介效应显著：①解释变量显著影响被解释变量；②在回归方程中的任何一个变量，当控制了它前面的变量（包括解释变量）以后，显著影响其后继变量，这是巴伦和肯尼（Baron & Kenny, 1986）定义的部分中介过程。如果进一步要求③在控制了中介变量以后，解释变量对被解释变量的影响不显著，那么就变成了贾德和肯尼（Judd & Kenny, 1981）定义的完全中介过程。在只有一个中介变量时，上述条件相当于①系数 c 显著；②系数 b 显著，且系数 d 显著；完全中介过程还要加上③系数 c' 不显著。

第二，检验经过中介变量路径上的回归系数的乘积 bd 是否显著，这一做法是将 bd 作为中介效应（也即间接效应），c' 是直接效应。

第三，检验 c' 与 c 的差异是否显著。

中介效应检验程序的具体步骤为（温忠麟，2004）：

第一步，检验系数 c 是否显著，若显著，那么继续下面的第二步，若不显著，则停止分析。

第二步，进行巴伦和肯尼（1986）的部分中介检验，即依次检验系数 b、d，若均显著，则意味着 X 对 Y 的影响至少有一部分是通过中介变量 M 实现的，第一类错误率小于或者等于 0.05，继续下面第三步。若至少有一个变量不显著，由于该检验的功效较低，即第二类错误率较大，尚且不能下结论，则转到第四步。

第三步，进行贾德和肯尼（1981）完全中介检验中的第三个检验，即检验系数 c'，若不显著，则说明是完全中介过程，即 X 对 Y 的影响完全是通过中介变量 M 实现的；若显著，则说明只是部分中介过程，即 X 对 Y 的影响只有部分是通过中介变量 M 实现的。检验结束。

第四步，进行 Sobel 检验，若显著，则意味着 M 的中介效应显著，否则中介效应不显著，检验结束。

5.3.2.2 中介效应模型构建

通过前文的理论分析可以看出，数字产业化发展促进税收收入增长，是通过推动产业结构高级化实现的。为了检验这一机制是否存在，本书以产业结构高级化作为中介变量，构建如下中介效应模型，采用逐步回归法进行检验。

第一步，检验数字产业化发展对税收收入的影响，这一步骤由基准回归模型（5-1）来实现。

第二步，检验数字产业化发展对产业结构高级化的影响。以数字产业化规模作为核心解释变量，以产业结构高级化作为被解释变量，构建如下回归模型：

$$ais_{1it} = \alpha_8 + \beta_9 \ln di_{it} + \gamma_8 controls_{1it} + \lambda_{9t} + \mu_{9i} + \varepsilon_{7it} \quad (5-5)$$

其中，ais_{1it} 表示 i 省份第 t 年的产业结构高级化指标，其余变量均与式（5-1）一致。

第三步，检验产业结构高级化的中介效应是否为完全中介，即数字产业化发展对税收收入的影响，是部分还是全部通过产业结构高级化实现的。构建如下回归模型：

$$\ln y_{it} = \alpha_9 + \beta_{10} ais_{1it} + \beta_{11} indu_{it} + \gamma_9 controls_{1it} + \lambda_{10t} + \mu_{10i} + \varepsilon_{8it}$$

$$(5-6)$$

在上述模型中，式（5 - 1）中的系数 β_8 为数字产业化规模对税收收入影响的总效应，式（5 - 5）中的系数 β_9 为数字产业化规模对产业结构高级化的影响效应，式（5 - 6）中的系数 β_{10} 是数字产业化规模对税收收入的直接作用，β_{11} 是控制了数字产业化规模的影响以后，产业结构高级化对税收收入的影响效应。其中，中介效应值为 $\beta_{10}\beta_{11}$。

此外，中介效应是否存在的判断依据为：若系数 β_8 显著，且系数 β_{11}、β_9 显著，则中介效应显著；反之，若系数 β_8 不显著，或系数 β_{11}、β_9 均不显著，则不存在中介效应。其中，若系数 β_8 显著，且系数 β_{11}、β_9 都显著，则存在部分中介效应；若系数 β_8 显著，且系数 β_{11}、β_9 都显著，但 β_{10} 不显著，则存在完全中介效应。

5.4　变量选取与数据来源

分别阐述被解释变量、核心解释变量、中介变量以及控制变量的选取和数据来源。

5.4.1　变量选取

5.4.1.1　被解释变量

选取我国 29 个省份的税收收入总额作为被解释变量，并对其取自然对数，记作 lny。

5.4.1.2　核心解释变量

选取前文计算出来的我国 29 个省份的数字产业化规模作为核心解释变量，并对其作取自然对数处理，记作 lndi。

5.4.1.3　中介变量

选取产业结构高级化指标作为数字产业化发展影响税收收入的

中介变量，借鉴干春晖等（2011）的做法，以第三产业增加值与第二产业增加值之比来衡量产业结构高级化程度，记为 ais_1。

5.4.1.4 控制变量

为了排除其他可能影响因素的干扰，选取如下控制变量。

第一，地区经济发展水平，以我国 29 个省份的 GDP 增长率来衡量，记作 gdp。

第二，工业化程度，以我国 29 个省份的工业增加值占 GDP 的比重来表示，记为 $indu$。

第三，人口密度，以我国 29 个省份的期末人口数与区域面积比值来衡量，并对其取自然对数，记作 $popu$。

第四，政府干预程度，以我国 29 个省份的一般公共预算支出占 GDP 的比重来表示，记为 gov。

第五，固定资产投资强度，以我国 29 个省份的固定资产投资总额占 GDP 的比重来衡量，记作 fa。

第六，对外贸易水平，以我国 29 个省份的经营单位所在地进出口总额占 GDP 的比重来表示，记为 $trad$。

5.4.2 数据来源

本章通过建立面板数据模型，利用 2011～2019 年我国 29 个省份的数据检验数字产业化发展对税收收入的影响。相关数据主要来源于《中国统计年鉴》、《中国电子信息产业统计年鉴》、《中国税务年鉴》、国研网官网、各省份统计年鉴、Wind 数据库、国家统计局官网以及各省份国民经济和社会发展统计公报。各主要变量的描述性统计结果如表 5 - 3 所示。

表5-3 各主要变量描述性统计结果

变量类型	变量名称	符号	含义	样本量	均值	标准差	最小值	最大值
被解释变量	税收收入	lny	各省份税收收入总额的自然对数	261	7.347	0.785	5.177	9.217
核心解释变量	数字产业化发展	lndi	各省份数字产业化规模的自然对数	261	7.899	1.391	4.455	11.169
中介变量	产业结构高级化	ais_1	第三产业增加值/第二产业增加值	261	1.292	0.724	0.527	5.234
控制变量	地区经济发展水平	gdp	各省份GDP增长率	261	0.102	0.050	-0.040	0.260
	工业化程度	indu	工业增加值/GDP	261	0.345	0.081	0.112	0.574
	政府干预程度	gov	一般公共预算支出/GDP	261	0.250	0.085	0.120	0.465
	人口密度	popu	(期末人口/区域面积)的自然对数	261	5.576	1.134	2.585	8.250
	固定资产投资强度	fa	固定资产投资总额/GDP	261	0.826	0.268	0.211	1.447
	对外贸易水平	trad	经营单位所在地进出口总额/GDP	261	0.287	0.298	0.027	1.464

资料来源：利用Stata15.0软件测算得出。

5.5 基准回归结果分析

表5-4为数字产业化发展对税收收入影响的基准回归结果。在不考虑内生性问题的前提下，本章采用双向固定效应模型考察数字产业化发展对税收收入的影响，回归结果如表5-4列（7）所

示。基准回归结果表明，数字产业化发展与税收收入之间呈正相关关系，数字产业化规模每增加1%，税收收入增加约0.058%，且回归结果通过了5%的显著性水平检验，验证了假设5-1。

表5-4 基准回归结果

变量	税收收入（lny）						
	(1)	(2)	(3)	(4)	(5)	(6)	(7)
数字产业化发展 lndi	0.077*** (0.024)	0.083*** (0.024)	0.073*** (0.024)	0.074*** (0.024)	0.066*** (0.023)	0.044** (0.021)	0.058** (0.023)
地区经济发展水平 gdp		0.926*** (0.244)	0.829*** (0.246)	0.831*** (0.243)	0.774*** (0.236)	1.128*** (0.222)	1.091*** (0.223)
工业化程度 $indu$			0.706** (0.321)	0.970*** (0.335)	0.821** (0.327)	0.756** (0.299)	0.674** (0.303)
政府干预程度 gov				0.870** (0.351)	0.786** (0.341)	0.455 (0.316)	0.346 (0.324)
人口密度 $popu$					1.605*** (0.413)	1.217*** (0.382)	1.062*** (0.396)
固定资产投资强度 fa						0.251*** (0.038)	0.259*** (0.038)
对外贸易水平 $trad$							-0.123 (0.086)
常数项	6.415*** (0.175)	6.185*** (0.180)	5.997*** (0.198)	5.682*** (0.233)	-3.073 (2.265)	-0.909 (2.097)	-0.041 (2.177)
时间效应	是	是	是	是	是	是	是
地区效应	是	是	是	是	是	是	是
R^2	0.830	0.841	0.844	0.848	0.858	0.882	0.883
观测值	261	261	261	261	261	261	261

资料来源：利用Stata15.0软件测算得出。

就控制变量而言，地区经济发展水平、工业化程度、人口密度、固定资产投资强度都会对税收收入产生显著的正向影响，但是政府干预程度、对外贸易水平的回归结果并不显著，说明其对税收收入的正向影响还未显现。此外，表 5 - 4 列（1）为未加入控制变量的回归结果，在列（2）~（7）中逐步加入地区经济发展水平、工业化程度、政府干预程度、人口密度、固定资产投资强度、对外贸易水平等控制变量进行回归。结果表明，在所有的回归结果中，数字产业化发展与税收收入之间均呈显著的正相关关系。

5.6　稳健性检验

为了缓解模型本身存在的内生性问题、避免遗漏变量问题等，分别使用工具变量法、强度双重差分、替换核心解释变量以及替换被解释变量等方法进行稳健性检验。

5.6.1　内生性与工具变量

本章借鉴袁淳等（2021）的思路，以样本期间之前的互联网数据作为工具变量，即选取 2001 ~ 2009 年各省份的互联网普及率作为数字产业化发展的工具变量，并构建如下两阶段最小二乘法（2SLS）回归模型：

$$\ln di_{it} = \alpha_{10} + \beta_{12} iv_{1it} + \gamma_{10} controls_{1it} + \lambda_{11t} + \mu_{11i} + \eta_{1it}$$

$$(5-7)$$

$$\ln y_{it} = \alpha_{11} + \beta_{13} \ln \overline{di}_{it} + \gamma_{11} controls_{1it} + \lambda_{12t} + \mu_{12i} + \xi_{1it}$$

$$(5-8)$$

其中，iv_{1it} 为数字产业化规模的工具变量，即 i 省份第 t 年的互联网普及率；$\ln \overline{di}_{it}$ 表示第一阶段回归得到的数字产业化规模的拟合值；

η_{1it}、ζ_{1it} 表示随机扰动项；其余变量均和式（5-1）一致。式（5-7）为 2SLS 的第一阶段回归模型，采用数字产业化规模对工具变量进行回归；式（5-8）为 2SLS 的第二阶段回归模型，采用税收收入对第一阶段回归得到的数字产业化规模的拟合值进行回归。

2SLS 的第一阶段回归采用数字产业化规模对工具变量进行回归，第一阶段回归结果如表 5-5 列（1）所示。其中第一阶段回归中 F 统计量为 57.764，远大于 10，表明 iv_1 和数字产业化规模的相关性较强，不存在弱工具变量问题，采用这一工具变量较为有效。第二阶段回归采用税收收入对第一阶段回归得到的拟合值进行回归，回归结果如表 5-5 列（2）所示。回归结果表明，数字产业化发展能显著促进税收收入增长，数字产业化规模每增加 1%，税收收入增加约 0.405%。值得注意的是，和基准回归结果相比，在第二阶段回归结果中，核心解释变量 lndi 的回归系数值有明显的增加。这就说明若不对相应的内生性问题进行处理，可能会严重低估数字产业化发展对税收收入的促进作用。

5.6.2　强度双重差分

为了更稳健地评估数字产业化发展是否促进了税收收入增长，本书采用 2015 年国务院发布的《关于积极推进"互联网＋"行动的指导意见》作为外生政策冲击，构建如下计量模型，采用强度双重差分法考察数字产业化发展对税收收入的影响。

$$\ln y_{it} = \alpha_{12} + \beta_{14}\ln di_{it} \times post + \gamma_{12}controls_{1it} + \lambda_{13t} + \mu_{13i} + \varepsilon_{9it}$$

$$(5-9)$$

其中，$post$ 表示政策颁布前后的指示变量，2015 年以前赋值为 0，2015 年以后赋值为 1，交互项为本章关注的核心变量，其系数 β_{14} 即为强度双重差分的结果，旨在反映"互联网＋"深入推进造成的数字产业化发展对税收收入的实际影响。其余变量均和式（5-1）一致。

双重差分法的使用前提是满足"平行趋势"检验，为了实施"平行趋势"检验，在式（5-9）中纳入政策实施之前年份虚拟变量和数字产业化规模指标的交互项。表5-5列（4）报告了"平行趋势"检验结果。结果表明，交互项系数在10%的显著性水平上并不显著，说明政策颁布以前数字产业化规模变动趋势在不同组别之间不存在系统性差异，满足"平行趋势"假设。

表5-5列（3）报告了强度双重差分的回归结果。回归结果表明，交互项 $\ln di_{it} \times post$ 系数为 0.032，且通过了 1% 的显著性水平检验，说明"互联网+"深入推进带来的数字产业化规模增加显著促进了税收收入的增长。具体而言，数字产业化规模每增加 1%，税收收入增加约 0.032%。

5.6.3　替换核心解释变量

将数字产业化规模统计口径替换为电子信息制造业营业收入、电信业务总量以及软件产品收入之和的自然对数值。运用双固定效应模型进行回归，回归结果如表5-5列（5）所示，结果表明，数字产业化规模每增加 1%，税收收入增加约 0.039%。

5.6.4　替换被解释变量

借鉴田彬彬等（2020）、谷成等（2022）的做法，将被解释变量税收收入替换为一般公共预算收入，并对其取自然对数。运用双固定效应模型进行回归，回归结果如表5-5列（6）所示，结果表明，数字产业化规模每增加 1%，一般公共预算收入增加约 0.046%。

表 5 – 5　　　　　　　　　　稳健性检验回归结果

变量	数字产业化发展（lndi）	税收收入（lny）				
	（1）	（2）	（3）	（4）	（5）	（6）
数字产业化发展 lndi		0.405*** (0.054)			0.039* (0.022)	0.046** (0.023)
强度双重差分 lndi × post			0.032*** (0.009)			
时间趋势项 lndi_{it} × year2012				-0.012 (0.011)		
时间趋势项 lndi_{it} × year2013				-0.010 (0.011)		
时间趋势项 lndi_{it} × year2014				-0.001 (0.011)		
地区经济发展水平 gdp	2.902*** (0.926)	1.179*** (0.434)	0.878*** (0.228)	0.613*** (0.229)	1.088*** (0.225)	1.148*** (0.222)
工业化程度 indu	1.079 (0.847)	-0.359 (0.239)	0.889*** (0.293)	0.804*** (0.125)	0.732** (0.304)	1.046*** (0.303)
政府干预程度 gov	10.452*** (0.916)	2.188*** (0.763)	0.726** (0.333)	-0.950*** (0.296)	0.352 (0.327)	1.315*** (0.323)
人口密度 popu	0.058 (0.054)	0.088*** (0.032)	1.369*** (0.387)	0.260 (0.384)	1.141*** (0.397)	1.735*** (0.395)
固定资产投资强度 fa	0.274 (0.230)	-0.226 (0.112)	0.237*** (0.039)	0.154*** (0.040)	0.265*** (0.038)	0.283*** (0.038)
对外贸易水平 trad	0.549*** (0.209)	0.310*** (0.102)	0.090 (0.085)		-0.107 (0.089)	-0.138 (0.0856)
工具变量 iv_1	4.179*** (0.550)			5.869*** (2.116)		
常数项	9.181*** (0.616)	5.523*** (0.661)	-1.520 (2.144)	0.613*** (0.229)	-0.376 (2.184)	-3.800* (2.170)

变量	数字产业化发展（lndi）	税收收入（ln$y$）				
	（1）	（2）	（3）	（4）	（5）	（6）
时间效应	是	是	是	是	是	是
地区效应	是	是	是	是	是	是
R^2	0.776	0.873	0.886	0.880	0.881	0.895
观测值	261	261	261	261	261	261
F 值	57.764	—	—	—	—	—

资料来源：利用 Stata15.0 软件测算得出。

综上所述，数字产业化发展对税收收入的影响与前文分析并无明显差异，说明基准回归结果较为稳健。

5.7　异质性分析

本书分别考察了数字产业化发展在不同地区、工业化程度以及不同税种之间的异质性特征。

5.7.1　分地区异质性

数字产业化规模存在明显的地区异质性特征，由表 5 - 2 可知，数字产业化发展大致与地区经济发展水平呈正相关关系。因此，数字产业化发展对税收收入的影响也可能存在地区异质性，有必要对此进行深入探讨。本书分别检验了我国东部、中部、西部地区数字产业化发展对其税收收入的影响，回归结果如表 5 - 6 列（1）~（3）所示。回归结果表明，虽然东部、中部以及西部地区的数字产业化发展都对其地区税收收入增长具有促进作用，但是东部地区的促进作用显著，而中部和西部地区的促进作用还未显现。其中，对于东部地区而言，数字产业化规模每增加 1%，税收收入增加约 0.071%。

造成上述结果可能的原因有：第一，东部地区是我国数字产业化发展的先导和龙头，东部地区的数字产业化规模远高于其他地区，此外，东部地区数字产业化发展的虹吸效应也在进一步加深，因此其数字产业化发展对税收收入具有显著的促进作用。第二，虽然中部地区是我国传统产业的承接地，拥有较为完善的产业体系，这为促进中部地区实体经济和数字经济深度融合，推动其数字产业化发展创造了有利条件。但是，和东部地区相比，中部地区数字经济发展底子较为薄弱，数字基础设施建设正在加速，且部分中部地区省份如黑龙江、吉林等，其数字经济发展主要聚焦于新兴消费、乡村振兴和数字农业等领域及方向，在数字产业化转型方面还相对较为落后，因此中部地区数字产业化发展对其税收收入的促进作用还未显现。第三，虽然近年来国家针对西部地区出台了多项数字经济专项政策，一定程度上也为西部地区数字产业化发展起到了巨大的推动作用，但是整体而言，西部地区数字产业化规模相对较小，且存在地区之间发展不平衡的问题，因此目前西部地区数字产业化发展对税收收入的促进作用也还未显现。

5.7.2 工业化程度异质性

工业化程度的不同是否会导致数字产业化发展对税收收入产生不同程度的影响？为了验证这一猜想，本书以工业化程度的平均值进行分组，将总样本划分为高工业化程度地区和低工业化程度地区两个子样本，回归结果如表 5-6 列（4）、列（5）所示。回归结果表明，虽然在高工业化程度地区和低工业化程度地区，数字产业化发展均能促进其税收收入增长，但是在高工业化程度地区，数字产业化发展对税收收入的促进作用显著。而在低工业化程度地区，数字产业化发展对税收收入的促进作用还未显现。对于高工业化程度地区而言，数字产业化规模每增加 1%，税收收入提高约 0.210%，且回归系数在 1% 的显著性水平上显著。这可能是由于与低工业化程度地区相比，高工业化程度地区的能源、电力和材料等传统工业部门较为完善、发展较快，其数字化和智能化水平的提升能够更好地促进数字产业化发展，因此这些地区的数字产业化发展也更快，能显著地促进其税收收入增长。

5.7.3　分税种异质性

数字产业化发展在不同税种之间呈现出怎样的特征？本书分别以增值税收入和企业所得税收入的自然对数值作为被解释变量，检验数字产业化发展对增值税和企业所得税的影响，回归结果如表 5 - 6 列（6）、列（7）所示。回归结果表明，数字产业化深入发展对增值税收入和企业所得税收入的提高都具有促进作用，但是对于增值税收入的促进作用显著，对于企业所得税收入的促进作用还未显现。其中，对于增值税收入而言，数字产业化规模每增加 1%，增值税收入提高约 0.143%，且通过了 1% 的显著性水平检验。

表 5 - 6　　　　　　　　　异质性分析回归结果

变量	税收收入（lny）					增值税（lnvat）	企业所得税（lncor）
	（1）	（2）	（3）	（4）	（5）	（6）	（7）
数字产业化发展 lndi	0.071** (0.033)	0.030 (0.099)	0.044 (0.036)	0.210*** (0.050)	0.042 (0.033)	0.143*** (0.031)	0.040 (0.046)
地区经济发展水平 gdp	1.034*** (0.345)	0.397 (0.432)	0.606 (0.386)	0.521* (0.286)	0.434 (0.354)	0.762** (0.300)	0.494 (0.445)

变量	税收收入（lny）					增值税（lnvat）	企业所得税（lncor）
	(1)	(2)	(3)	(4)	(5)	(6)	(7)
工业化程度 indu	-0.217 (0.603)	1.119** (0.440)	-0.527 (0.699)	1.965*** (0.393)	-1.013 (0.709)	0.997** (0.408)	1.404** (0.605)
政府干预程度 gov	1.837*** (0.522)	0.802 (1.247)	-0.232 (0.489)	2.659*** (0.603)	-0.514 (0.490)	-2.176*** (0.436)	-1.208* (0.646)
人口密度 popu	0.306 (0.451)	6.029*** (1.523)	-1.263* (0.750)	-0.935 (0.626)	1.098 (0.807)	0.218 (0.533)	1.201 (0.790)
固定资产投资强度 fa	0.393*** (0.051)	-0.095 (0.090)	0.114* (0.063)	0.062 (0.066)	0.091 (0.063)	0.249*** (0.051)	0.233*** (0.076)
对外贸易水平 trad	-0.223*** (0.082)	0.899 (0.617)	-0.329 (0.302)	-0.403*** (0.152)	-0.210* (0.109)	-0.236** (0.115)	-0.189 (0.171)
常数项	4.511 (2.897)	-2.57*** (8.645)	12.06*** (3.377)	9.518*** (3.474)	1.002 (4.319)	4.307 (2.928)	-1.442 (4.337)
时间效应	是	是	是	是	是	是	是
地区效应	是	是	是	是	是	是	是
R^2	0.951	0.937	0.911	0.935	0.858	0.914	0.656
观测值	99	72	90	143	118	261	261

资料来源：利用 Stata15.0 软件测算得出。

5.8 中介效应检验

为了考察数字产业化发展是否通过推动产业结构高级化影响税收收入，本书进一步以产业结构高级化作为中介变量进行检验，回归结果如表5-7所示。

表 5 - 7　　　　　　　　中介效应检验回归结果

变量	产业结构高级化（ais_1） (1)	税收收入（lny） (2)
数字产业化发展 lndi	0.011 ** (0.005)	0.041 ** (0.020)
产业结构高级化 ais_1		1.073 *** (0.296)
地区经济发展水平 gdp	0.095 ** (0.048)	0.593 *** (0.211)
工业化程度 indu	0.053 * (0.028)	0.691 *** (0.122)
政府干预程度 gov	- 0.436 *** (0.064)	- 0.445 (0.308)
人口密度 popu	0.076 (0.084)	0.131 (0.367)
固定资产投资强度 fa	0.014 (0.009)	0.132 *** (0.038)
对外贸易水平 trad	- 1.015 (0.088)	- 0.153 (0.109)
常数项	0.009 (0.463)	5.760 *** (2.022)
时间效应	是	是
地区效应	是	是
R^2	0.835	0.889
观测值	261	261

资料来源：利用 Stata15.0 软件测算得出。

　　首先，表 5 - 4 列（7）为数字产业化发展对税收收入影响的总效应，即数字产业化规模每增加 1%，税收收入增加约 0.058%，且通过了 5% 的显著性水平检验。其次，表 5 - 7 列（1）中数字产业化的估计系数为 0.011，且同样通过了 5% 的显著性水平检验，这就意味着数字产业化深入发展对产业结构高级化产生了显著的正向影响；表 5 - 7 列（2）中产业结构高级化的估计系数为 1.073，且通过了 1% 的显著性水平检验，相关系数均显著，表明产业结构高级化这一中介效应显著，无须进行 Sobel 检验。最后，表 5 - 7 列（2）中数字产业化的估计系数为 0.041，且通过了 5% 的显著性水平检验，这也表明存在部分中介过程，即数字产业化发展对税收收入的影响是部分通过产业结构高级化这一中介变量实现的；其中，中介效应 $= \beta_{10}\beta_{11} = 0.011 \times 1.073 = 0.012$。这就说明，数字产业化发展对税收收入的促进作用，是通过推动产业结构高级化实现的，存在"数字产业化发展→产业结构高级化→税收收入"的传导路径，验证了假设 5 - 2。

5.9　本章小结

本章在测算数字产业化规模的基础上，通过建立省级面板数据模型，实证分析了 2011～2019 年我国 29 个省份数字产业化发展对税收收入的影响，得出如下结论。

第一，数字产业化深入发展能够显著促进税收收入增长，数字产业化规模每增加 1%，税收收入增加约 0.058%。

第二，数字产业化发展对税收收入的促进作用，是通过推动产业结构高级化实现的，存在"数字产业化发展→产业结构高级化→税收收入"的传导路径，其中，中介效应值为 0.012。

第三，数字产业化发展在不同地区、不同税种和不同工业化程度地区之间呈现出明显的异质性特征。从地区看，虽然东部、中部以及西部地区的数字产业化发展都对其税收收入增长具有促进作用，但东部地区的促进作用显著，而中部、西部地区的促进作用还未显现。其中，对于东部地区而言，数字产业化规模每增加 1%，税收收入增加约 0.071%。从工业化程度来看，虽然在高工业化程度地区和低工业化程度地区，数字产业化发展均能促进其税收收入增长，但是在高工业化程度地区，数字产业化发展对税收收入的促进作用显著，而在低工业化程度地区，数字产业化发展对税收收入的促进作用还未显现。对于高工业化程度地区而言，数字产业化规模每增加 1%，税收收入提高约 0.210%。从税种来看，数字产业化深入发展对增值税收入和企业所得税收入的提高都具有促进作用，但是对于增值税收入的促进作用显著，而对于企业所得税收入的促进作用还未显现。其中，对于增值税收入而言，数字产业化规模每增加 1%，增值税收入提高约 0.143%。

第 6 章

产业数字化发展对税收收入影响的
实证分析——结构视角

习近平总书记在主持中央政治局第三十四次集体学习时强调,要"充分发挥海量数据和丰富应用场景优势,促进数字技术与实体经济深度融合,赋能传统产业转型升级"。传统产业依托于数字技术,成为调整产业结构、推动数字化转型的重要驱动力,同时也是支撑产业持续良性发展的必然选择。产业数字化是数字经济发展的最终落脚点,是实现经济高质量发展的重要推动力。加快推进产业数字化发展是构建新发展格局的战略选择,同时也是推动经济增长进而提高税收收入的必由之路。为此,本章通过建立双向固定效应模型,运用 2011～2019 年省级面板数据分析产业数字化发展对税收收入的影响程度。

6.1　研究假设

基于第 2 章的作用机制分析,本章提出如下假设。

假设 6-1:产业数字化发展能够显著促进税收收入增长。

假设 6 - 2：产业数字化发展促进税收收入增长，是通过提高地区全要素生产率实现的。

6.2　产业数字化规模测算

本书在增长核算账户框架下，采用永续盘存法测算各省份产业数字化规模，以分行业的 ICT 资本存量来近似代替产业数字化规模。

6.2.1　估计模型

永续盘存法的计算公式为：

$$K_t = K_{(t-1)}(1 - \delta_t) + I_t = K_{(t-1)} + I_t - R_t = \sum_{\tau=0}^{\infty} I_{(t-\tau)} S_\tau \tag{6-1}$$

其中，K_t 表示 t 年的资本存量；$K_{(t-1)}$ 表示上一年的资本存量；δ 表示折旧率；I_t 表示 t 年的投资额；R_t 表示重置需求；$I_{(t-\tau)}$ 表示（$t - \tau$）年的投资额；S_τ 表示各期固定资产投资的残值率，由退役模式决定。与同时退役、线性退役、延长线性退役等退役模式相比，钟形退役模式假定前期资产废弃速度逐渐增大，后期则逐渐减慢，而得到广泛运用。因此本书选择钟形退役模式，其正态频率分布为：

$$Y(t) = \frac{1}{\sqrt{2\pi S}} \times \exp(-(t - \bar{T})^2/(2S^2)) \tag{6-2}$$

$$S(t) = 1 - \int_0^t Y(t) \tag{6-3}$$

其中，$Y(t)$ 表示 ICT 资本在使用 t 年（$t = 1$，2，$\cdots$，T）后的退出比例；$S(t)$ 表示 ICT 资本的残存比例；$\bar{T}$ 表示 ICT 资本的平均使用年限；S 表示标准差，$S = \bar{T}/4$。

在永续盘存法的基础上，若资本投入的生产能力随时间而损耗，那么其相对生产能力的衰减和市场价值的损失不同，在这一条件下测算出来的资本存量即为生产性资本存量。其中，值得注意的是，生产性资本存量规模即为本书测算的产业数字化规模，计算公式为：

$$K_{i,t} = \sum_{\tau=0}^{T} d_\tau \times I_{(t-\tau)} \times S_\tau \qquad (6-4)$$

其中，i 表示各类不同的投资，分别指 ICT 硬件和软件；d_τ 表示双曲线型时间-效率函数，用于反映 ICT 资本的相对生产率变化，计算公式如下：

$$d_t = d_0(T-t)/(T-\beta t) \qquad (6-5)$$

其中，d_t 表示第 t 年相对效率；d_0 表示初始年份相对效率，一般假定为 1；T 表示投入资本的最大使用年限；t 表示资本使用年数；β 表示斜率，参照中国信息通信研究院（2021）的做法，将其规定为 0.8。

另外，本书采用以下公式计算基年 ICT 资本存量：

$$K_t = \frac{I_{t+1}}{\delta + \bar{g}} \qquad (6-6)$$

其中，K_t 表示初始年份资本存量，I_{t+1} 表示其后年份投资额；δ 表示折旧率；$\bar{g}$ 表示观察期投资平均增长率，本书选择 2007~2019 年的平均投资增长率对全国及各省份 ICT 基期资本存量进行估算。

6.2.2　测算方法

第一，ICT 投资统计范围界定。在我国，按照国民经济行业分类（GB/T 4754—2017）标准，ICT 产业可以分为制造业以及服务业两类。其中，ICT 制造业主要包括计算机、通信和其他电子设备制造，ICT 服务业主要包括信息传输、软件和信息技术服务。但是各省份投入产出表中只设置了"通信设备、计算机及其他电子设备制造业"以及"信息传输、计算机服务和软件业"两个 ICT 产业科目,并且《中国电子信息产业统计年鉴》中也只提供了各省份电子信息产业制造业总产值,故与中国信息通信研究院(2021)的做法不同,本书将 ICT 产业分为硬件以及软件两个部分,此种分类方法在我国 ICT 资本存量的计算中也被广泛运用。另外,在国民经济行业分类中,ICT 制造业不包括家用视听设备制造业、专用设备和测量仪器,因此在计算时需要将其予以剔除。

第二,ICT 投资额的计算。本书将投入产出表中"固定资本形成总额"作为基准数据,来计算 ICT 生产性资本存量。但是由于投入产出表不是每年编制,通过投入产出表获得的数据是非连续的截面数据,因此需要对间隔年份数据进行估算,以获得连续的面板数据。本书借鉴篠崎彰彦(1996,1998)的做法,以投入产出表中 ICT 制造业和服务业的固定资本形成总额数据为基础,结合 ICT 产值内需数据,分别计算出间隔年份内需和投资的年平均增长率,二者相减求得转化系数;再将转化系数和内需年平均增长率相加求得投资额的增长率,在此基础上计算出间隔年份的投资数据。计算公式为:

$$IO_{t1} \cdot (1 + INF_{t1t2} + \dot{\gamma}) = IO_{t2} \tag{6-7}$$

$$\dot{\gamma} = \dot{IO} - \dot{INF} \tag{6-8}$$

其中,IO_{t1} 表示开始年份投入产出表的基准数据值;IO_{t2} 表示结束年份投入产出表的基准数据值;INF_{t1t2} 表示开始至结束年份的内需增长率(内需 = 产值 − 出口 + 进口);$\dot{IO}$ 表示间隔年份间投入产出表实际投资数据的年平均增长率;$\dot{INF}$ 表示间隔年份间实际内需数据的年平均增长率;$\dot{\gamma}$ 表示年率换算连接系数。此时,ICT 投资增长率 = 内需增长率 + 年率换算连接系数。

使用这一方法的关键在于如何选取内需数据，内需数据必须是连续的并且能够反映 ICT 内需增减变动情况的数据，《中国电子信息产业统计年鉴》中的电子信息产业制造业以及软件产业相关数据能较好地满足这一需求。因此借鉴孙川（2013）的做法，将投入产出表以及《中国电子信息产业统计年鉴》中的相关数据相结合，来估算全国和各省份的 ICT 投资数据。

第三，资本使用年限和折旧率的确定。我国主要依据《中华人民共和国企业所得税法实施条例》以及若干省区市发布的《企业会计手册》中的相关规定，将 ICT 资本使用年限归纳为：硬件计算机 4~10 年，通信设备 5~10 年，软件 5 年左右（郭鹏飞和罗玥琦，2018）。参照相关制度规定和现有研究，本书将 ICT 硬件和 ICT 软件的使用年限分别确定为 8 年、5 年。

关于折旧率，如果按照退役时 10% 的残值率来计算，能够得到 ICT 硬件和 ICT 软件的折旧率分别为 0. 250 和 0. 369[①]。但是，由于 ICT 硬件折旧率与各国折旧率相差较大，因此，本书借鉴世界 KL-EMS 数据库的数据，将 ICT 硬件折旧率确定为 0. 315，ICT 软件折旧率确定为 0. 369。

第四，ICT 投资价格指数的确定。因为，目前官方未统一公布过 ICT 资本品的价格指数，所以借鉴王亚菲和王春云（2017）的做法，以计算机、通信和其他电子设备制造业工业生产者出厂价格指数来代替 ICT 硬件价格指数，以通信服务类居民消费价格指数来代替 ICT 软件价格指数。其中，价格指数均以 2007 年为不变价格进行计算。

[①] 计算公式为：$\delta = 1 - S^{\frac{1}{T}}$，其中，$S$ 表示残值率，T 表示使用年限。

6.2.3 全国产业数字化规模测算

本书以 2007 年为起点，通过式（6-1）~式（6-6）来估算全国及各省份的 ICT 资本存量，也即产业数字化部分规模①。相关数据主要来源于 2007 年、2012 年、2017 年、2018 年全国投入产出表和 2010 年、2015 年投入产出延长表，以及 2008~2020 年《中国电子信息产业统计年鉴》。此外，由于投入产出表中只公布了软件产品的出口数据，未公布进口数据。因此，借鉴孙川（2013）的做法，利用投入产出表中的相关数据，计算出间隔年份软件产品的年平均增长率，进而推算每年软件产品的进口数据。在下文测算各省份产业数字化规模时，也采用这一方法推算软件产品的进口数据。

2011~2019 年全国产业数字化规模如表 6-1 所示②。总体而言，2011~2019 年，我国产业数字化规模呈逐年上升态势，从 2011 年的 46957.77 亿元上升至 2019 年的 86636.71 亿元。但是同一时期内，产业数字化规模占同期 GDP 比重呈"上升—下降—上升—下降"的"M"型变化特征，总体而言占 GDP 比重略微有所下降，从 2011 年的 9.62% 降至 2019 年的 8.78%。此外，2012~2019 年，产业数字化规模增长率依次为 11.11%、15.19%、6.87%、7.87%、5.40%、8.13%、5.55%、3.96%，增长率同样也呈"上升—下降—上升—下降—上升—下降"的"M"型变化特征，年平均增长率为 7.96%。

---

① 之所以以 2007 年为起点，是因为按照资本存量的估算方法，时间跨度越长估算结果的准确度就越高，对以后年份的影响也就越小。
② 为与后文的实证部分数据保持一致，本章只列出 2011~2019 年全国和各省产业数字化规模，2007~2010 年数据未列出。

表 6-1　　　　　　**2011～2019 年全国产业数字化规模**

年份	规模（亿元）	占 GDP 比重（%）	增长率（%）
2011	46957.77	9.62	—
2012	52173.42	9.69	11.11
2013	60097.28	10.14	15.19
2014	64224.38	9.98	6.87
2015	69275.69	10.06	7.87
2016	73017.96	9.78	5.40
2017	78957.17	9.49	8.13
2018	83339.33	9.07	5.55
2019	86636.71	8.78	3.96

资料来源：作者按照前文方法自行计算得出。

6.2.4　各省份产业数字化规模测算

各省份 2011～2019 年产业数字化规模如表 6-2 所示，相关数据来源于 2007 年、2012 年、2017 年各省份投入产出表和 2008～2020 年《中国电子信息产业统计年鉴》。

总体而言，2011～2019 年，我国各省份产业数字化规模均有显著提升。就产业数字化总体规模而言，2019 年产业数字化规模排名前五的省份依次为广东、北京、上海、浙江、江苏；而甘肃、宁夏、海南、内蒙古、新疆的产业数字化规模较低，排名靠后。就年平均增长率而言，天津、吉林、甘肃、陕西、四川的产业数字化年平均增长率名列前茅，均超过了 32%；但上海、福建、湖北、云南、新疆的产业数字化年平均增长率较低，均在 8% 以下。与数字产业化发展相同，产业数字化发展的省际差距同样明显，以 2019 年为例，2019 年广东的产业数字化规模大约为甘肃的 178.16 倍。此外，就三大区域而言，三大区域的产业数字化规模均呈逐年递增

表 6—2　2011～2019 年各省份产业数字化规模

地区	省份	2011 年（亿元）	2012 年（亿元）	2013 年（亿元）	2014 年（亿元）	2015 年（亿元）	2016 年（亿元）	2017 年（亿元）	2018 年（亿元）	2019 年（亿元）	年均增长率（％）
东部	北京	1568.27	2216.03	2883.24	3378.82	3557.27	3588.77	6231.2	8717.35	10477.94	26.80
	天津	183.89	338.88	1050.49	1699.28	2239.51	2634.17	3115.64	3440.38	3555.82	44.81
	河北	309.83	389.98	479.22	556.33	611.1	639.88	719.13	787.83	842.95	13.33
	上海	4934.91	4947.28	4913.32	4878.07	4846.35	4808.27	5367.85	5896.89	6261.67	3.02
	江苏	2921.36	3567	3772.14	3941.94	4027.14	3979.11	4725.56	5437	5948.76	9.30
	浙江	2767.29	3031.41	3599.67	4054.77	4317	4323.22	4939.02	5601.91	6095.37	10.37
	福建	876.36	840.35	761.96	692.27	639	610.98	797.42	985.25	1129.94	3.23
	山东	2285.31	2589.06	2880.07	3072.21	3091.28	3071.27	3767.72	4374.22	4725.42	9.51
	广东	3499.25	4237.15	4866.56	5306.89	5392.8	5347.71	9381.12	13555.76	16898.38	21.75
	海南	50.71	52.16	52.8	55.16	60.4	64.16	171.12	271.09	343.93	27.03
	辽宁	936.14	1204.09	1467.75	1659.82	1719.03	1723.81	3204.11	4550.55	5456.59	24.65
	均值	1848.48	2128.49	2429.75	2663.23	2772.81	2799.21	3856.35	4874.38	5612.43	14.89
中部	山西	919.91	1404.05	1831.32	2220.63	2522.21	2675.56	2698.6	2672.57	2644.9	14.11
	安徽	310.16	324.25	355.91	383.77	404.93	421.98	711.55	950.39	1108.95	17.26
	江西	203.03	275.02	345.75	408.87	456.85	481.85	517.93	543.17	558.69	13.49
	河南	1572.03	1715.85	1874.32	2023.39	2150.83	2240.52	3164.11	3962.49	4445.58	13.88
	湖北	801.32	808.94	802.41	794.3	786.46	778.35	938.59	1018.97	1087.96	3.90

续表

地区	省份	2011年(亿元)	2012年(亿元)	2013年(亿元)	2014年(亿元)	2015年(亿元)	2016年(亿元)	2017年(亿元)	2018年(亿元)	2019年(亿元)	年均增长率(%)
中部	湖南	427.55	618.15	804.91	963.97	1066.51	1120.14	1423.76	1668.24	1800.21	19.69
	吉林	88.68	98.42	105.49	110.01	110.34	109.15	683.1	1215.67	1597.84	43.54
	黑龙江	220.77	336.29	437.44	522.15	573.83	595.61	916.55	1208.18	1445.98	26.48
	均值	567.93	697.62	819.69	928.39	1009.00	1052.90	1381.77	1654.96	1836.26	15.80
西部	内蒙古	169.05	219.69	264.44	307.45	345.75	366.48	376.65	379.74	380.69	10.68
	广西	288.79	287.99	287.59	289.14	295.89	300.92	371.44	506.6	624.79	10.13
	重庆	262.54	278.2	313.28	343.92	365.52	382.09	902.03	1381.77	1716.8	26.46
	四川	403.89	1057.17	1729.05	2330.39	2771.54	3023.87	3490	3802.76	3909.92	32.81
	贵州	204.34	256.08	300.35	339.73	371.53	387.79	512.16	627.64	726.94	17.19
	云南	346.75	362.59	366.8	366.01	358.97	354.89	400.29	447.59	485.68	4.30
	陕西	201.74	346.01	483.78	586.02	620.71	627.17	1135.11	1613.01	1954.64	32.83
	甘肃	8.65	25.02	41.16	55.18	64.71	69.69	82.74	91.51	94.85	34.90
	宁夏	55.53	57.53	58.81	59.83	60.39	60.41	90.19	119.26	143.17	12.57
	新疆	269.95	273.37	271.04	263.66	256.51	249.95	326.57	401.17	466.42	7.07
	均值	221.12	316.37	411.63	494.13	551.15	582.33	768.72	937.11	1050.39	21.50

资料来源：作者自行计算得出。

的态势，西部和中部地区的赶超趋势明显，其中，西部地区产业数字化规模年平均增长率最快为 21.50%，中部地区次之为 15.80%，东部地区 14.89% 位于第三。而从三大区域产业数字化规模的平均值来看，区域之间的差距仍然较为显著，以 2019 年为例，2019 年东部地区产业数字化规模平均值最高为 5612.43 亿元，中部地区为 1836.26 亿元次之，西部地区 1050.39 亿元位于第三。

另外，前文已提及，2015 年和 2017 年是数字经济发展的重要时间节点，因此，2017 年，北京、广东、辽宁、安徽、山东、四川、重庆、新疆等省份的产业数字化规模均出现了较快增长。2011~2019 年，上海、江苏、福建、山东的产业数字化规模却呈波动上升趋势，主要是由于投入产出表中通信设备、计算机及其他电子设备制造业固定资本形成总额呈下降态势。造成这一现象可能的原因有：第一，从供需角度而言，连续多年的大规模投资，使得通信设备等制造业已从卖方市场转向买方市场，从落后于国民经济发展状况，达到了适度超前甚至远大于国民经济发展的水平。第二，随着国家扶持政策相继取消，企业负债率明显提高，一些主要企业减少了投资额。第三，企业在投资某些市场前景不明朗、市场风险增大的新业务时会更谨慎。

6.3　模型构建

本章分别构建产业数字化发展对税收收入影响的基准回归模型以及影响机制模型，考察产业数字化发展对税收收入的影响及作用机制。

6.3.1　基准回归模型构建

本章采用双向固定效应方法检验产业数字化发展对税收收入的

影响，基准回归模型设置如下：

$$\ln y_{it} = \alpha_{13} + \beta_{15}\ln id_{it} + \gamma_{13}controls_{2it} + \lambda_{14t} + \mu_{14i} + \varepsilon_{10it}$$

$$(6-9)$$

其中，i 表示省份，t 表示时间；被解释变量 y_{it} 表示 i 省份第 t 年的税收收入；核心解释变量 id_{it} 表示 i 省份第 t 年的产业数字化规模；$controls_{2it}$ 表示控制变量组；λ_{14t} 表示年份固定效应；μ_{14i} 表示省份固定效应；α_{13}、β_{15}、γ_{13} 表示待估参数；ε_{10it} 表示随机扰动项。

6.3.2 影响机制模型构建

为了验证产业数字化发展通过地区全要素生产率对税收收入的影响，本章借鉴王锋和葛星（2022）的实证策略，构建如下计量模型检验这一影响机制：

$$TFP_{it} = \alpha_{14} + \beta_{16}\ln id_{it} + \gamma_{14}controls_{2it} + \lambda_{15t} + \mu_{15i} + \varepsilon_{11it}$$

$$(6-10)$$

$$\ln y_{it} = \alpha_{15} + \beta_{17}TFP_{it} + \gamma_{15}controls_{2it} + \lambda_{16t} + \mu_{16i} + \varepsilon_{12it}$$

$$(6-11)$$

其中，TFP_{it} 表示 i 省份第 t 年的地区全要素生产率，其余变量均和式（6-8）一致。在式（6-10）中，以产业数字化规模作为核心解释变量，以地区全要素生产率作为被解释变量，考察产业数字化发展对地区全要素生产率的影响；在式（6-11）中，以地区全要素生产率作为核心解释变量，以税收收入作为被解释变量，检验地区全要素生产率对税收收入的影响。

6.4 变量选取与数据来源

分别阐述被解释变量、核心解释变量、机制变量以及控制变量的选取、测算和数据来源。

6.4.1　变量选取

6.4.1.1　被解释变量

选取我国 29 个省份的税收收入总额作为被解释变量，并对其取自然对数，记作 lny。

6.4.1.2　核心解释变量

选取前文计算出来的我国 29 个省份的产业数字化规模作为核心解释变量，并对其作取自然对数处理，记为 lnid。

6.4.1.3　机制变量

选取我国 29 个省份的地区全要素生产率作为机制变量。全要素生产率的计算方法主要有参数法和非参数法，其中参数法又可分为索洛残差法、隐性变量法以及随机前沿生产函数法（SFA），非参数法估计中主要以 DEA 方法和 Malmquist 指数法为主。本章采用 DEA-Malmquist 指数法来计算地区全要素生产率，记作 TFP。其投入和产出变量处理如下：

第一，产出变量为我国 29 个省份的实际 GDP，本章将 2000 年作为基期，以我国 29 个省份的 GDP 指数对其名义 GDP 进行平减，得到实际 GDP。

第二，投入变量为我国 29 个省份的就业人员数以及资本存量。其中，资本存量通过永续盘存法进行计算。具体做法是：参考单豪杰（2008）的做法，投资额为我国 29 个省份的固定资本形成总额，再以 2000 年为基期的投资价格平减指数对其进行平减计算①；折旧率取值为 10.96%，并采用各省份 2001 年的固定资本形成总额比上

---

　　①　由于 2017 年后未公布全部省份的固定资本形成总额数据，因此缺失数据是作者根据《中国统计年鉴》中"分地区按领域分固定资产投资比上年增长情况"自行计算而来。

平均折旧率与 2001～2005 年投资增长率的平均值之和作为该省份的初始资本存量。

第三，根据投入和产出变量，利用 DEAP2.1 软件计算我国 29 个省份的全要素生产率。2011～2019 年我国 29 个省份的地区全要素生产率如表 6 - 3 所示。

6.4.1.4　控制变量

为了排除其他可能影响因素的干扰，选取如下控制变量。

第一，地区经济发展水平，以我国 29 个省份的 GDP 来衡量，并对其取自然对数，记作 gdp_1。

第二，产业结构高级化，以我国 29 个省份的第二产业增加值与第三产业增加值之比来表示，记作 ais。

第三，政府干预程度，以我国 29 个省份的一般公共预算支出占 GDP 的比重来衡量，记作 gov。

第四，城市化水平，以我国 29 个省份的城镇人口和总人口的比值来表示，记作 $urba$。

第五，财政自主权，以我国 29 个省份的一般公共预算收入和一般公共预算支出的比重来衡量，记作 $fina$。

第六，就业人口比率，以我国 29 个省份的就业人员数与总人口的比值来表示，记作 $empl$。

6.4.2　数据来源

本章通过建立面板数据模型，利用 2011～2019 年我国 29 个省份的数据检验产业数字化发展对税收收入的影响。相关数据主要来源于《中国统计年鉴》、《中国税务年鉴》、《中国城市统计年鉴》、各省份统计年鉴、Wind 数据库、国研网官网。各主要变量的描述性统计结果如表 6 - 4 所示。

表 6-3

2011～2019 年各省份地区全要素生产率

省份	2011 年	2012 年	2013 年	2014 年	2015 年	2016 年	2017 年	2018 年	2019 年
北京	0.9865	0.9589	0.9320	0.9535	0.9945	1.0332	1.0797	1.1607	1.1979
天津	0.7383	0.6977	0.6656	0.6803	0.7116	0.7493	0.7815	0.8065	0.8452
河北	0.5397	0.5089	0.4870	0.4656	0.4502	0.4376	0.4328	0.4341	0.4389
山西	0.3997	0.3797	0.3604	0.3377	0.3214	0.3112	0.3258	0.3395	0.3510
内蒙古	0.3195	0.2981	0.2882	0.2773	0.2934	0.3083	0.3274	0.3589	0.3822
辽宁	0.5537	0.5283	0.5045	0.4767	0.4705	0.4734	0.4933	0.5179	0.5448
吉林	0.3806	0.3635	0.3489	0.3315	0.3156	0.3115	0.3109	0.3084	0.3127
黑龙江	0.7933	0.7418	0.6861	0.6402	0.6062	0.5856	0.5804	0.5682	0.5545
上海	1.6603	1.7217	1.7786	1.6772	1.7258	1.7655	1.8167	1.8767	1.9292
江苏	1.1627	1.1476	1.1338	1.1213	1.1090	1.0979	1.0880	1.0967	1.1011
浙江	1.0856	1.0791	1.0726	1.0587	1.0354	1.0074	1.0034	1.0024	1.0004
安徽	0.5966	0.5686	0.5413	0.5164	0.4973	0.4819	0.4737	0.4666	0.4614
福建	0.8671	0.8437	0.8218	0.7914	0.7581	0.7308	0.7067	0.6947	0.6850
江西	0.4747	0.4638	0.4536	0.4472	0.4392	0.4278	0.4226	0.4205	0.4184
山东	0.6352	0.6237	0.6131	0.6039	0.5912	0.5818	0.5829	0.5829	0.5929

续表

省份	2011年	2012年	2013年	2014年	2015年	2016年	2017年	2018年	2019年
河南	0.4499	0.4324	0.4146	0.4001	0.3893	0.3804	0.3773	0.3796	0.3803
湖北	0.8796	0.8383	0.7972	0.7613	0.7278	0.7002	0.6806	0.6724	0.6643
湖南	0.6734	0.6404	0.6103	0.5950	0.5748	0.5593	0.5537	0.5542	0.5531
广东	0.9751	0.9371	0.9005	0.8627	0.8351	0.8084	0.7849	0.7661	0.7500
广西	0.3169	0.2988	0.2860	0.2742	0.2641	0.2543	0.2640	0.2727	0.2782
海南	0.8401	0.7561	0.6911	0.6344	0.6122	0.5926	0.5755	0.5599	0.5644
重庆	0.6592	0.6513	0.6415	0.6274	0.6174	0.6057	0.5954	0.5775	0.5654
四川	0.7888	0.7643	0.7399	0.7169	0.6997	0.6829	0.6761	0.6768	0.6747
贵州	0.7873	0.7448	0.6926	0.6442	0.5997	0.5601	0.5338	0.5162	0.5090
云南	0.6138	0.5592	0.5183	0.4681	0.4325	0.4065	0.3919	0.3829	0.3749
陕西	0.5973	0.5692	0.5447	0.5246	0.5078	0.4936	0.4842	0.4818	0.4770
甘肃	0.7062	0.6801	0.6522	0.6164	0.5849	0.5551	0.5534	0.5656	0.5786
宁夏	0.7453	0.7274	0.7077	0.6773	0.6482	0.6223	0.6098	0.6196	0.6388
新疆	0.9886	0.9165	0.8422	0.7715	0.7159	0.6823	0.6434	0.6086	0.5898

资料来源：作者自行计算得出。

表 6 - 4　　　　　　　　各主要变量描述性统计结果

变量类型	变量	符号	含义	样本量	均值	标准差	最小值	最大值
被解释变量	税收收入	lny	各省份税收收入总额的自然对数	261	7.347	0.785	5.177	9.217
核心解释变量	产业数字化发展	lnid	各省份产业数字化规模的自然对数	261	6.679	1.372	2.157	9.735
机制变量	地区全要素生产率	TFP	各省份地区全要素生产率	261	0.659	0.302	0.254	1.929
控制变量	地区经济发展水平	gdp_1	各省份 GDP 的自然对数	261	9.821	0.797	7.566	11.590
	产业结构高级化	ais	第二产业增加值/第三产业增加值	261	0.903	0.287	0.191	1.897
	政府干预程度	gov	一般公共预算支出/GDP	261	0.250	0.085	0.120	0.465
	城市化水平	urba	城镇人口/年末总人口	261	0.586	0.124	0.350	0.896
	财政自主权	fina	一般公共预算收入/一般公共预算支出	261	0.516	0.182	0.215	0.931
	就业人口比率	empl	就业人员数/总人口	261	0.584	0.055	0.428	0.723

资料来源：利用 Stata15.0 软件测算得出。

6.5　基准回归结果分析

表 6 - 5 为产业数字化发展对税收收入影响的基准回归结果。在不考虑内生性问题的前提下，表 6 - 5 中列（1）~（3）分别为 OLS 回归、控制了省份的固定效应回归以及双固定效应回归结果，这几种方法在一定程度上起到了参照系的作用。可以看出，在所有

的回归结果中，产业数字化发展对税收收入增长都起到了显著的促进作用。结果表明，产业数字化发展能够显著促进税收收入增长，产业数字化规模每增加1%，税收收入增加约0.019%，回归结果通过了10%的显著性水平检验，验证了假设6-1。

表6-5　　　　　　　　　　基准回归结果

变量	税收收入（lny）		
	（1）	（2）	（3）
产业数字化发展 lnid	0.037 *** (0.010)	0.025 ** (0.011)	0.019 * (0.012)
地区经济发展水平 gdp_1	0.857 *** (0.020)	1.157 *** (0.045)	1.145 *** (0.084)
产业结构高级化 ais	-0.164 *** (0.030)	-0.064 (0.042)	-0.041 (0.047)
政府干预程度 gov	2.045 *** (0.183)	2.501 *** (0.225)	2.513 *** (0.250)
城市化水平 urba	-0.178 * (0.100)	-1.586 *** (0.308)	-1.251 (0.309)
财政自主权 fina	1.758 *** (0.072)	1.811 *** (0.120)	1.454 *** (0.156)
就业人口比率 empl	-0.541 *** (0.129)	-0.738 *** (0.197)	-0.787 *** (0.199)
常数项	-2.163 *** (0.239)	-4.325 *** (0.331)	-4.185 *** (0.781)
时间效应	否	否	是
地区效应	否	是	是
R^2	0.985	0.939	0.936
观测值	261	261	261

资料来源：利用Stata15.0软件测算得出。

就控制变量而言，地区经济发展水平、政府干预程度、财政自主权都会对税收收入产生显著的正向影响。但产业结构高级化、城市化水平的回归结果并不显著，说明其对于税收收入的影响还未显现。另外，就业人口比率对税收收入的影响为负，可能是由于目前我国就业率较低，人均可支配收入下降，使得其与税收收入之间呈现出负相关关系。

6.6　稳健性检验

为了缓解模型本身存在的内生性问题、避免遗漏变量问题等，分别使用工具变量法、排除政策干扰以及替换核心解释变量等方法进行稳健性检验。

6.6.1　内生性与工具变量

本章借鉴黄群慧等（2019）的研究思路，选取 1984 年各省份的固定电话数量作为产业数字化规模的工具变量。一方面，产业数字化的快速发展离不开互联网技术的支持，而互联网技术的发展又是从固定电话普及开始的，历史上固定电话数量普及率较高的省份也很有可能是产业数字化发展较快的省份。因而，从这一意义上说，选取 1984 年各省份的固定电话数量作为产业数字化规模的工具变量满足相关性的要求。另一方面，与产业数字化的快速发展相比，1984 年的固定电话数量对于目前税收收入的影响正在消失，因此，该工具变量也满足外生性的要求。但值得注意的是，选择 1984 年的固定电话数量无法直接用于面板数据的分析。因此，借鉴柏培文和喻理（2021）的研究思路，以 2010 ~ 2018 年全国互联网端口数分别和 1984 年固定电话数量的交互项（iv_2），作为该省份产业数字化规模的工具变量。构建如下 2SLS 回归模型：

$$\ln id_{it} = \alpha_{16} + \beta_{18} iv_{2it} + \gamma_{16} controls_{2it} + \lambda_{17t} + \mu_{17i} + \eta_{2it}$$

$$(6-12)$$

$$\ln y_{it} = \alpha_{17} + \beta_{19} \overline{\ln id_{it}} + \gamma_{17} controls_{2it} + \lambda_{18t} + \mu_{18i} + \xi_{2it}$$

$$(6-13)$$

其中，iv_{2it} 为产业数字化规模的工具变量，即 i 省份第 t 年的全国互联网端口数和 1984 年固定电话数量的交互项；$\overline{\ln id_{it}}$ 表示第一阶段回归得到的产业数字化规模的拟合值；η_{2it}、ζ_{2it} 表示随机扰动项；其余变量均和式（6-8）一致。式（6-12）为 2SLS 的第一阶段回归模型，采用产业数字化规模对工具变量进行回归；式（6-13）为 2SLS 的第二阶段回归模型，采用税收收入对第一阶段回归得到的产业数字化规模的拟合值进行回归。

2SLS 的第一阶段回归结果如表 6-6 列（1）所示，其中第一阶段回归中 F 统计量为 21. 334 > 10，表明 iv_2 和产业数字化规模的相关性较强，不存在弱工具变量问题，采用这一工具变量较为有效。第二阶段回归采用税收收入对第一阶段回归得到的拟合值进行回归，回归结果如表 6-6 列（2）所示。回归结果表明，产业数字化发展能显著促进税收收入增长，产业数字化规模每增加 1%，税收收入增加约 0. 060%。此外，值得注意的是，与基准回归结果相比，在第二阶段回归结果中，核心解释变量 lnid 的回归系数值有明显的增加。这就说明若不对相应的内生性问题进行处理，可能会严重低估产业数字化发展对税收收入的促进作用。

6.6.2 排除政策干扰

由于 2015 年和 2017 年是数字经济发展的两个重要时间点。因此，在控制时间固定效应时加入两个虚拟变量 D3 和 D4，设置如下回归模型：

$$\ln y_{it} = \alpha_{18} + \beta_{20}\ln id_{it} + \gamma_{18}controls_{2it} + \rho_3 D3_t + \rho_4 D4_t + \lambda_{19t} + \mu_{19i}$$

$$(6-14)$$

其中，若年份为 2015 年，则 $D3 = 1$；否则，$D3 = 0$。若年份为 2017 年，则 $D4 = 1$；否则，$D4 = 0$。ρ_3、ρ_4 表示待估参数。其他变量均与式（6-8）一致。

运用双固定效应模型对式（6-14）进行回归，回归结果如表 6-6 列（3）所示，结果表明，产业数字化规模每增加 1%，税收收入增加约 0.019%。

6.6.3　替换核心解释变量

将核心解释变量替换为产业数字化规模的一阶滞后，并对其取自然对数。由于产业数字化规模会随着时间的变化而变化，导致基准回归结果出现偏差。因此，以产业数字化规模对数值的一阶滞后项作为核心解释变量进行回归分析，以观察其随时间趋势变化时的回归结果。回归结果如表 6-6 列（4）所示，结果表明，产业数字化发展能显著地促进税收收入增长，产业数字化规模每增加 1%，税收收入增加约 0.025%。这也说明产业数字化发展有较强的延续性，能够对未来税收收入增加起到显著的促进作用。

综上所述，产业数字化发展对税收收入的影响与前文分析并无明显差异，说明基准回归结果较为稳健。

表 6-6　　　　　　　稳健性检验回归结果

变量	产业数字化发展（lnid）		税收收入（ln$y$）	
	（1）	（2）	（3）	（4）
产业数字化发展 lnid		0.060** (0.030)	0.019* (0.012)	

续表

变量	产业数字化发展（lnid）		税收收入（ln$y$）	
	（1）	（2）	（3）	（4）
产业数字化发展一阶滞后 l. lnid				0.025 ** (0.012)
地区经济发展水平 gdp_1	0.485 ** (0.202)	0.837 *** (0.039)	1.145 *** (0.084)	1.194 *** (0.091)
产业结构高级化 ais	−0.078 (0.189)	−0.184 *** (0.035)	−0.041 (0.047)	−0.037 (0.056)
政府干预程度 gov	−0.305 (1.195)	1.958 *** (0.205)	2.513 *** (0.250)	2.625 *** (0.259)
城市化水平 $urba$	−1.651 (1.049)	−0.124 (0.131)	−1.251 *** (0.309)	−1.445 *** (0.339)
财政自主权 $fina$	3.461 *** (0.651)	1.608 *** (0.100)	1.454 *** (0.156)	1.388 *** (0.165)
就业人口比率 $empl$	−1.710 ** (0.782)	−0.504 *** (0.149)	−0.787 *** (0.199)	−0.700 *** (0.227)
工具变量 iv_2	0.489 *** (0.106)			
时间虚拟变量 $D3$			0.032 (0.044)	
时间虚拟变量 $D4$			−0.011 (0.063)	
常数项	−4.316 *** (1.645)	−2.064 *** (0.328)	−4.185 *** (0.781)	−4.613 *** (0.858)
时间效应	是	是	是	是
地区效应	是	是	是	是
R^2	0.831	0.985	0.936	0.903
观测值	261	261	261	232
F 值	21.334	—	—	—

资料来源：利用 Stata15.0 软件测算得出。

6.7　异质性分析

本书分别考察了产业数字化发展在不同地区、不同税种以及不同政府干预程度之间的异质性特征。

6.7.1　分地区异质性

由表 6 - 2 可以看出，产业数字化规模呈现出一定的地区异质性特征，因此本书分别检验了我国东中部、西部地区产业数字化发展对其税收收入的影响，回归结果如表 6 - 7 列（1）、列（2）所示。结果表明，东中部地区和西部地区产业数字化发展与其税收收入之间均呈显著的正相关关系，但是与西部地区相比，东中部地区产业数字化发展对税收收入的促进作用更加明显。其中，对于东中部地区来说，产业数字化规模每增加 1%，税收收入增加约 0.207%；而对于西部地区而言，产业数字化规模每增加 1%，税收收入增加约 0.095%。这主要是由于东中部地区产业数字化发展较快，规模相对较大导致的。

6.7.2　政府干预程度异质性

目前我国产业数字化还处于发展初期，那么，政府干预程度的不同是否会导致产业数字化发展对税收收入产生不同程度的影响？为了验证这一猜想，本书以政府干预程度变量的平均值进行分组，将总样本划分为高政府干预程度地区和低政府干预程度地区两个子样本，回归结果如表 6 - 7 列（3）、列（4）所示。回归结果表明，虽然在高政府干预程度地区和低政府干预程度地区，产业数字化发展均能显著促进其税收收入增长，但是政府干预程度越高，促进作用越明显。对于低政府干预程度地区而言，产业数字化规模每增加 1%，税收收入提高约 0.022%；而对于高政府干预程度地区而言，产业数字化规模每增加 1%，税收收入提高约 0.044%。

6.7.3 分税种异质性

产业数字化发展在不同税种之间呈现出怎样的特征？本书分别以增值税收入、企业所得税收入的自然对数值作为被解释变量，检验产业数字化发展对增值税和企业所得税的影响，回归结果如表 6 - 7 列（5）、列（6）所示。回归结果表明，产业数字化深入发展对增值税收入和企业所得税收入的提高都具有促进作用，但是对于增值税收入的促进作用显著，而对于企业所得税收入的促进作用还未显现。其中，对于增值税收入而言，产业数字化规模每增加 1%，增值税收入提高约 0.035%。

表 6 - 7　　　　　　　　异质性分析回归结果

变量	税收收入（lny）				增值税（lnvat）	企业所得税（lncor）
	（1）	（2）	（3）	（4）	（5）	（6）
产业数字化发展 $lnid$	0.207 ** (0.013)	0.095 *** (0.022)	0.044 ** (0.019)	0.022 * (0.013)	0.035 * (0.019)	0.031 (0.029)
地区经济发展水平 gdp_1	1.095 *** (0.091)	0.949 *** (0.184)	1.129 *** (0.161)	1.033 *** (0.100)	1.323 *** (0.137)	1.593 *** (0.209)
产业结构高级化 ais	0.026 (0.050)	0.077 (0.107)	−0.155 * (0.080)	0.061 (0.073)	0.096 (0.077)	0.086 (0.118)
政府干预程度 gov	2.997 *** (0.294)	1.640 *** (0.474)	1.446 *** (0.436)	4.527 *** (0.377)	0.812 ** (0.407)	2.176 *** (0.622)
城市化水平 $urba$	−0.493 (0.359)	−0.567 (1.052)	−2.073 ** (0.796)	−0.074 (0.350)	0.255 (0.502)	−1.212 (0.767)
财政自主权 $fina$	1.378 *** (0.160)	1.525 *** (0.378)	1.801 *** (0.308)	1.165 *** (0.146)	0.585 ** (0.253)	0.841 ** (0.387)
就业人口比率 $empl$	−0.382 (0.222)	−0.741 (0.360)	−0.479 (0.429)	−0.414 * (0.234)	−1.381 * (0.324)	−1.923 (0.495)

续表

变量	税收收入（lny）				增值税（lnvat）	企业所得税（lncor）
	（1）	（2）	（3）	（4）	（5）	（6）
常数项	-4.180 *** (0.892)	-3.059 * (1.539)	-3.529 *** (1.320)	-4.334 *** (0.968)	-6.027 *** (1.270)	-8.601 *** (1.942)
时间效应	是	是	是	是	是	是
地区效应	是	是	是	是	是	是
R^2	0.963	0.954	0.892	0.970	0.931	0.708
观测值	171	90	111	150	261	261

资料来源：利用 Stata15.0 软件测算得出。

6.8　影响机制检验

按照前文的理论分析，产业数字化发展提高税收收入，是通过作用于地区全要素生产率实现的。为了验证"产业数字化发展→地区全要素生产率→税收收入"这一作用机制是否存在，本书以地区全要素生产率作为机制变量，用于验证产业数字化发展通过地区全要素生产率对税收收入的影响。

表6-8列（1）为产业数字化发展对地区全要素生产率影响的估计结果。结果表明，产业数字化规模每增加1%，地区全要素生产率提高约0.031个单位，且通过了1%的显著性水平检验。这就说明产业数字化深入发展，提高了地区全要素生产率。本书进而验证了地区全要素生产率对税收收入的影响，回归结果如表6-8列（2）所示，结果显示，地区全要素生产率每增加1个单位，税收收入提高约0.339%，且同样通过了1%的显著性水平检验。这就说明，产业数字化发展提高税收收入，是通过作用于地区全要素生产

率实现的，验证了假设 6 - 2。

表 6 - 8　　　　　　　　影响机制检验回归结果

变量	地区全要素生产率（TFP）	税收收入（lny）
	（1）	（2）
产业数字化发展 lnid	0.031 *** (0.010)	
地区全要素生产率 TFP		0.339 *** (0.092)
地区经济发展水平 gdp₁	0.289 *** (0.075)	1.204 *** (0.084)
产业结构高级化 ais	- 0.008 (0.042)	- 0.062 (0.046)
政府干预程度 gov	0.188 (0.224)	2.731 *** (0.250)
城市化水平 urba	- 0.074 (0.277)	- 0.405 (0.365)
财政自主权 fina	0.148 (0.140)	1.316 *** (0.152)
就业人口比率 empl	0.513 *** (0.178)	- 0.561 *** (0.197)
常数项	- 2.558 *** (0.700)	- 5.405 *** (0.848)
时间效应	是	是
地区效应	是	是
R^2	0.481	0.939
观测值	261	261

资料来源：利用 Stata15.0 软件测算得出。

6.9　本章小结

本章基于前文测算出来的产业数字化规模，通过建立省级面板数据模型，实证分析了 2011～2019 年我国 29 个省份产业数字化发展对税收收入的影响，主要结论如下。

第一，产业数字化深入发展能够显著促进税收收入增长，产业数字化规模每增加 1%，税收收入增加约 0.019%。

第二，产业数字化发展提高税收收入，是通过作用于地区全要素生产率实现的。产业数字化规模每增加 1%，地区全要素生产率提高约 0.031 个单位；而地区全要素生产率每增加 1 个单位，税收收入提高约 0.339%。

第三，产业数字化发展在不同地区、不同政府干预程度以及不同税种之间呈现出明显的异质性特征。从地区来看，东中部地区和西部地区产业数字化发展与其税收收入之间均呈显著的正相关关系，但是与西部地区相比，东中部地区产业数字化发展对税收收入的促进作用更加明显。其中，对于东中部地区而言，产业数字化规模每增加 1%，税收收入增加约 0.207%；而对于西部地区而言，产业数字化规模每增加 1%，税收收入增加约 0.095%。从政府干预程度来看，虽然在高政府干预程度地区和低政府干预程度地区，产业数字化发展均能显著促进其税收收入增长，但是政府干预程度越高，促进作用就越明显。对于低政府干预程度地区而言，产业数字化规模每增加 1%，税收收入提高约 0.022%；而对于高政府干预程度地区而言，产业数字化规模每增加 1%，税收收入提高约 0.044%。从税种来看，产业数字化深入发展对增值税收入和企业所得税收入的提高都具有促进作用，但是对于增值税收入的促进作用显著，而对于企业所得税收入的促进作用还未显现。其中，对于增值税收入而言，产业数字化规模每增加 1%，增值税收入提高约 0.035%。

| 第 7 章 |

研究结论及政策建议

7.1　研究结论

7.1.1　数字经济发展迅速但不充分和不平衡问题仍然突出

2011～2019 年，我国各省份数字经济发展水平大多呈强劲增长态势，数字经济发展水平综合指数的极大值和极小值随时间推移不断增加，这表明我国数字经济发展较为迅速。总体而言，从空间角度来说，我国数字经济发展水平正在经历从低水平、中低水平向中高水平、高水平迈进的演变趋势。尽管如此，我国数字经济发展水平不充分和不平衡问题仍然突出。

一方面，数字经济发展水平综合指数的极差随时间推移呈上升态势，说明我国省际之间数字经济发展水平还存在着明显差异。此外，Moran 指数测算结果显示，我国各省份数字经济发展水平存在显著的空间正相关性，数字经济发展是以高—高集聚和低—低集聚为主，但是其中大部分中西部地区数字经济发展水平总体不高，形成了低—低集聚且长期未发生跃迁。这就表明，我国数字经济发展水平还有待提高。

另一方面，就数字产业化和产业数字化发展状况而言，2011～2019 年，全国数字产业化规模以及产业数字化规模均呈逐年上升态势，数字产业化规模从 2011 年的 105394.70 亿元上升至 2019 年的 311664.33 亿元，而产业数字化规模从 2011 年的 46957.77 亿元上升至 2019 年的 86636.71 亿元。足以见得，相较于产业数字化，数字产业化发展较快，规模也相对较大。同一时期内，数字产业化规模占同期 GDP 比重也呈上升态势，从 2011 年的 21.61% 上升至 2019 年的 31.59%。与此同时，产业数字化规模占同期 GDP 比重却呈 "M" 型变化特征，总体而言这一比重略微有所下降，从 2011 年的 9.62% 下降至 2019 年的 8.78%。就增长率而言，2012～2019 年，数字产业化规模增长率呈 "U" 型变化特征，但是产业数字化规模增长率却呈 "M" 型变化态势。这就表明，虽然近年来我国数字经济发展迅速，但就数字产业化和产业数字化而言，二者之间发展不平衡现象较为突出，数字产业化规模保持着强劲的增长态势，而产业数字化规模增长却较为缓慢。

7.1.2 数字经济发展水平呈现出显著的地区差异

首先，数字经济发展水平综合指数测算结果表明，各省份数字经济发展水平大致与其地区经济发展水平正相关，与经济欠发达省份相比，经济发达省份的数字经济发展水平更高。但是近年来，经济欠发达省份的数字经济发展水平处于追赶行列，其年平均增长率处于领先地位；而经济发达省份由于其数字经济发展起步较早、规模较大，因此年平均增长率也相对较低。另外，就东部、中部、西部三大区域而言，东部地区数字经济发展水平综合指数的平均值最高排名第一，中部地区排名第二，西部地区排名第三，三大区域之间数字经济发展水平差距依旧显著；但是，西部地区数字经济发展水平综合指数的年平均增长率最快，中部地区位于第二，而东部地区位于第三，中部和西部地区数字经济发展水平综合指数增长较快，具有明显的追赶趋势。

其次，从绝对差异来看，Kernel 核密度估计结果表明，总体而言，我国数字经济发展水平逐年递增，但全国数字经济发展水平的绝对差异呈现出一定程度的缩小态势。虽然数字经济发展水平的极化现象有一定程度的改善，但是曲线整体形状并未发生显著变化，预示着我国省际之间数字经济发展水平仍然具有一定的梯度效应。具体而言，在东部、中部、西部三大区域层面，东部地区数字经济发展水平呈上升趋势，但东部地区数字经济发展水平的绝对差异趋于扩大态势，随着时间推移东部地区数字经济发展水平的两极分化现象有所好转。中部地区数字经济发展水平同样呈上升态势，且总体而言数字经济发展水平的绝对差异呈微弱扩大趋势，但是地区内部数字经济发展水平较高省份以及较低省份之间的差距存在一定程度的缩小，且中部地区数字经济发展水平随着时间推移不存在两极分化现象。西部地区数字经济发展水平同样也呈上升趋势，但西部地区数字经济发展水平的离散程度总体趋于上升，在地区内部数字经济发展水平较高省份和较低省份之间的差距存在一定程度的扩大。另外，与中部地区相同，西部地区的数字经济发展水平随时间推移同样不存在两极分化现象。

再次，从相对差异来看，Dagum 基尼系数及分解结果表明，整体来说，我国省际数字经济发展水平综合指数的基尼系数值逐年下降，由 2011 年的 0.5138 下降至 2019 年的 0.2684，但却并未影响其总体变化趋势，数字经济发展水平仍然存在着显著的地区差异。就东部、中部、西部三大区域内部而言，总体来看区域内部数字经济发展水平差异均呈缩小态势，其中，东部地区内部数字经济发展水平不均衡现象在三者当中最为突出，其次是西部地区，中部地区排第三。就区域间而言，总体来看东—中部、东—西部、中—西部数字经济发展水平差异均呈下降态势，其中，中—西部差异远低于东—西部以及东—中部差异，东—西部差异稍高于东—中部差异。此外，差异来源及其贡献测算结果显示，我国数字经济发展水平总体差异形成的最主要来源是区域间差异，其次是区域内差异，第三来源是超变密度，其中，区域间差异对总体差异的贡献远高于区域内差异以及超变密度。

最后，数字经济发展水平的空间分布图显示，目前我国数字经济发展呈现出"东部—中部—西部"以及"沿海—内陆"依次递减态势，区域之间以及区域内部数字经济发展不均衡现象仍然突出。

7.1.3　数字经济、数字产业化、产业数字化发展影响税收收入的作用机制不尽相同

实证研究结果表明，数字经济发展水平、数字产业化以及产业数字化发展均能显著促进税收收入增长，与税收收入之间呈显著的正相关关系。具体而言，第一，对于数字经济而言，数字经济发展水平每增加 1 个单位，税收收入增加约 0.487%。第二，对于数字产业化而言，数字产业化规模每增加 1%，税收收入增加约 0.058%。第三，对于产业数字化而言，产业数字化规模每增加 1%，税收收入增加约 0.019%。

此外，虽然数字经济、数字产业化以及产业数字化发展均能显

著促进税收收入增长，但三者促进税收收入增长的作用机制却不尽相同。第一，对于数字经济来说，数字经济发展水平促进税收收入增长，是通过推动产业结构高级化实现的。机制分析结果表明，数字经济发展水平每增加 1 个单位，产业结构高级化提高约 0.999 个百分点；产业结构高级化每提高 1 个百分点，税收收入提高约 0.179%。此外，调节效应检验回归结果表明，工业化程度的提高强化了数字经济发展水平对税收收入的促进作用。第二，对于数字产业化来说，中介效应回归结果表明，数字产业化发展对税收收入的促进作用，同样是通过推动产业结构高级化实现的，存在"数字产业化发展→产业结构高级化→税收收入"的传导路径，中介效应值为 0.012。第三，对于产业数字化来说，产业数字化发展提高税收收入，是通过作用于地区全要素生产率发挥作用的。机制分析结果表明，产业数字化规模每增加 1%，地区全要素生产率提高约 0.031 个百分点；地区全要素生产率每提高 1 个百分点，税收收入提高约 0.339%。

7.1.4 数字经济、数字产业化、产业数字化发展对税收收入的影响存在地区异质性

实证研究结果表明，数字经济、数字产业化以及产业数字化发展对税收收入的影响均呈现出一定的地区异质性特征。具体来说，首先，就数字经济而言，面板分位数回归结果表明，在税收收入的不同分位点上，数字经济发展水平的分位数回归系数随分位数增加呈上升态势，在 25 分位点处，数字经济发展水平每增加 1 个单位，税收收入提高约 3.202%；在 50 分位点处，数字经济发展水平每增加 1 个单位，税收收入提高约 3.421%；在 75 分位点处，数字经济发展水平每增加 1 个单位，使得税收收入提高约 3.469%；当分位

点为 90 时，数字经济发展水平每增加 1 个单位，税收收入提高约
3.469%。这也就说明，就不同的分位点而言，对于税收收入越高
的区域，数字经济发展水平对其促进作用愈加明显。其次，就数字
产业化而言，数字产业化发展对税收收入的影响存在明显的地区异
质性特征。回归结果表明，虽然东部、中部以及西部地区的数字产
业化发展均对其地区税收收入增长具有促进作用，但是东部地区的
促进作用显著，而中部和西部地区的促进作用还未显现。其中，对
于东部地区而言，数字产业化规模每增加 1%，税收收入增加约
0.071%。最后，就产业数字化而言，产业数字化发展对税收收入
的影响同样存在明显的地区异质性特征。回归结果表明，东中部地
区和西部地区产业数字化发展与其税收收入之间均呈显著的正相关
关系，但是与西部地区相比，东中部地区产业数字化发展对税收收
入的促进作用更加明显。其中，对于东中部地区而言，产业数字化
规模每增加 1%，税收收入增加 0.207%；而对于西部地区而言，
产业数字化规模每增加 1%，税收收入增加 0.095%。

7.1.5　数字经济发展在不同税种和产业税收收入之间呈现异质性特征

实证分析结果表明，数字经济、数字产业化以及产业数字化发
展在不同税种税收收入之间呈现出一定的异质性特征。回归结果显
示，数字经济、数字产业化和产业数字化深入发展对增值税收入和
企业所得税收入的提高都具有促进作用，但是对于增值税收入的促
进作用显著，而对于企业所得税收入的促进作用还未显现。就数字
经济而言，数字经济发展水平每增加 1 个单位，增值税收入提高约
0.982%；就数字产业化而言，数字产业化规模每增加 1%，增值税
收入提高约 0.143%；而就产业数字化而言，产业数字化规模每增

加 1%，增值税收入提高约 0.035%。

此外，数字经济深入发展对不同产业税收收入同样也会产生不同程度的影响。实证分析结果表明，数字经济深入发展对第二产业以及第三产业税收收入的提高都具有促进作用，但是对于第三产业税收收入的促进作用显著，而对于第二产业税收收入的促进作用还未显现。其中，对于第三产业税收收入而言，数字经济发展水平每增加 1 个单位，第三产业税收收入提高约 0.479%。

7.1.6 工业化程度的提高强化了数字经济发展对税收收入的促进作用

调节效应检验结果表明，数字经济发展水平系数、数字经济发展水平和工业化程度的交互项系数均显著为正。这就表明工业化程度在数字经济发展水平对税收收入的影响中发挥着正向调节效应，即工业化程度的提高强化了数字经济发展水平对税收收入的促进作用。

此外，工业化程度的不同会使得数字产业化发展对税收收入产生不同程度的影响。回归结果表明，虽然在高工业化程度地区和低工业化程度地区，数字产业化发展均能促进其税收收入增长，但是在高工业化程度地区，数字产业化发展对税收收入的促进作用显著，而在低工业化程度地区，数字产业化发展对税收收入的促进作用还未显现。对于高工业化程度地区而言，数字产业化规模每增加 1%，税收收入提高约 0.210%。

7.2 政策建议

为了促进数字经济深入发展，并实现数字经济发展与税收收入之间的良性互动，应运用税收政策，深入推进新型工业化建设，协同推进数字产业化和产业数字化发展；进一步完善数字经济相关税收制度，为税收收入增长奠定制度基础；制定促进数字经济协调发展的区域性税收扶持政策，缩小地区间"数字鸿沟"；推动数字经济和传统产业深度融合发展，加速产业结构高级化演变。

7.2.1　协同推进数字产业化和产业数字化发展

近年来，我国数字经济发展水平呈迅猛增长之势，但是数字经济发展不充分和不平衡问题仍然显著，尤其是数字产业化和产业数字化发展不平衡现象较为突出。此外，工业化程度的提高强化了数字经济发展水平对税收收入的促进作用；并且工业化程度的不同会使得数字产业化发展对税收收入产生不同程度的影响，在高工业化程度地区，数字产业化发展对税收收入的促进作用显著，但在低工业化程度地区，数字产业化发展对税收收入的促进作用还未显现。因此，应在把握新一轮产业革命和科技革命带来的机遇的基础上，深入推进新型工业化建设，协同推进数字产业化和产业数字化发展，加速推进数字产业化发展，以及推动产业数字化升级，持续培育和壮大数字经济，进而助力数字经济高质量发展。

7.2.1.1　加快推进新型基础设施建设，构建新型工业化的关键引擎

党的二十大报告明确提出，要"推进新型工业化，加快建设制造强国、质量强国、航天强国、交通强国、网络强国、数字中国"。作为新一代 ICT 技术和实体经济融合的重要领域，新型基础设施建设是在新发展理念的指引下，以技术创新为驱动力量，以信息网络为基础，为产业新旧动能转换提供发展转型、智能升级以及创新融合等服务的基础设施体系（王娟娟，2022）。新型基础设施是产业和数字技术有效衔接的纽带，加快推进涵盖 5G 基建、"一智一

网"、人工智能、大数据、物联网、云计算、区块链、工业互联网等领域的新型基础设施建设，并建议将其纳入国家重点公共基础设施项目，享受企业所得税"三免三减半"的税收优惠政策，不仅能够发挥新型基础设施建设作为固定资产投资的乘数效应，还能为数字经济发展提供载体和应用场景支撑。

7.2.1.2 持续深入推进数字产业化发展，提升数字产业化对数字经济的支撑能力

根据测算，数字产业化内部各产业之间存在发展不协调现象，其中，电子信息制造业营业收入、电信业务总量呈快速增长态势，而软件业务收入发展却相对滞后，导致部分省份的数字产业化规模相对较小。因此，应在巩固电子信息制造业、电信业优势地位的基础上，加大对软件行业的扶持力度，提高数字产业化规模。就电子信息制造业、电信业而言，建议适当放宽芯片、半导体等电子设备制造业企业的固定资产加速折旧条件，提高研发费用加计扣除比例，进而提高企业的竞争能力。此外，由于电信业、互联网行业的投资大、建设周期长、收效相对较慢。因此，建议进一步提高其固定资产费用化处理标准，酌情提高贷款利息企业所得税前扣除标准，降低投资风险，引导社会资本投资，鼓励其发展壮大。就软件行业而言，实施税收优惠政策应着力于创造有利的发展环境，帮助其扩大规模。因此，建议将"对软件产品征收增值税后实际税负超过3%的部分即征即退"这一比例降低至2%，使生产软件产品的企业增值税实际税负降低到不超过2%，进一步减轻其税收负担；此外，由于这一税收优惠政策主要针对软件产品（嵌入式软件），不包括信息技术服务业，因此建议将这一优惠政策扩大到信息技术服务企业，适当降低其税负，以支持软件行业的发展。

7.2.1.3　着力发展产业数字化，不断拓展产业数字化的广度和深度

产业数字化深入发展能够提高地区全要素生产率，进而促进税收收入增长。但是根据测算，目前数字技术和实体经济融合程度仍不够深入，导致我国产业数字化的规模较小，在数字经济内部占比偏低。此外，由于政府干预程度越强，产业数字化发展对税收收入的促进作用就越明显，因此应加大一般公共预算支出对通信设备、计算机、软件等 ICT 制造业和服务业的扶持力度，从而推进产业数字化持续深入发展，以促进数字经济新业态发展和适应新发展格局的需要。另外，产业数字化内部各产业之间同样存在发展不平衡不协调的现象，其中，软件生产性资本存量呈快速增长态势，而硬件生产性资本存量发展却相对滞后，导致部分省份产业数字化总体规模增长受限。由于，目前我国税收优惠政策多集中于和数字经济直接相关的行业，如软件行业、高新技术企业等，因此应推动税收优惠政策向制造业、服务业等领域拓展和延伸（韩君和高瀛璐，2022），全面促进计算机、通信设备等产业和数字资源高效整合，防范数字经济快速发展产生新的"产业孤岛"问题，为推进产业数字化转型发展提供坚实的制度保障。

7.2.2　完善数字经济相关税收制度

数字经济、数字产业化以及产业数字化发展均能显著促进税收收入增长。并且，数字经济、数字产业化以及产业数字化发展对增值税收入和企业所得税收入的提高都具有促进作用，但是对于增值税收入的促进作用显著，而对于企业所得税收入的促进作用还未显现。因此，应进一步完善数字经济相关税收制度，充分挖掘并控制数字经济发展所产生的潜在税基，为税收收入增长奠定制度基础。

7.2.2.1 完善数字经济相关税收制度

数字经济的健康稳定发展离不开税收法律的规范与协调，因此建议在现有税收法律框架内完善数字经济相关税收制度，明确数字经济的性质、类别以及征税范围。

首先，就增值税而言，应扩大增值税征收范围，将在线音乐、电影、游戏、教育培训、远程医疗等数字产品以及数字服务纳入增值税征收范围，并对照现有产品和服务的种类确定税目和税率。针对数字经济跨境增值税问题，应建立适应数字经济特点的增值税消费地征税规则。建议对出口的数字产品及数字服务实行零税率，或者加大数字产品及服务的出口退税规模和适用范围，进而加强我国跨境数字交易企业的国际竞争力；还应按照我国增值税相关规定对进口数字产品和数字服务征收增值税，维护我国的企业利益和税收权益。此外，对于达到一定标准的跨境数字企业，应要求其在中国注册登记，征收跨境交易增值税；而对未办理注册登记的跨境数字企业，应采取代扣代缴方式，由中国境内接收方缴纳增值税，或者委托银行以及其他支付平台代扣代缴（湖北省国际税收研究会、武汉市国际税收研究会课题组，2021）。

其次，就企业所得税而言，应将开展实质性的业务纳入企业所得税征税范围，以应对依靠虚拟化数字平台开展数字经济业务交易对传统税制中常设机构认定标准产生的冲击（谷成等，2022）。此外，建议在企业所得税制度体系中，引入利润归属及联结度规则，并按照联结度规则对于跨国数字企业的非常规利润，以贡献大小给予市场国征税权利。

最后，就个人所得税而言，应明确划分数字经济背景下个人取得收入的性质和适用税目归属，明确与经济活动相关的以各种方式、各种形式取得的经济利益均属于个人收入范围。比如，将电商网络直播等形式的收入纳入个人所得税征税范围，并界定收入种类和适用税率，有效减少税收流失。此外，还应逐步完善税率结构，均衡各类所得的税收负担水平。

7.2.2.2　完善税收管辖规则

数字经济的快速发展使得生产地与消费地发生混淆，税务机关难以使用传统的税收规则中对经营场所的物理判断来界定税收管辖权。因而，建议完善税收管辖规则，进而实现对税收管辖权的合理配置。首先，在税收立法上，可以将显著经济存在、营销无形资产以及用户参与作为新的判断标准并加以规范化，逐步实现对于数字产品、服务、收入等明确划分，进而弥补现行税法对于虚拟空间经济活动规定的漏洞。其次，建议酌情引入"虚拟常设机构"概念，并制定新的联结度规则，重构所得来源地判定标准。最后，还应明确数字经济背景下增值税、企业所得税等税种的征收管辖权，对数字交易的纳税人、纳税地点、收入界定等作出合理的安排。

7.2.2.3　加快推进税收征管数字化转型

一是应加强税收征管平台建设。首先，坚持以数治税和智能治税理念，全面推进以税收大数据、数电发票、税务数字账户等作为核心支撑的智慧税务建设，大幅提升税收征管的数字化、智能化水平。其次，建立和数字经济发展相匹配的数字化队伍，培养一批掌握数字化技术的高素质复合型人才。最后，充分运用新技术革新监管手段，实现系统预警自报，提高税收征管效率，及时察觉非常规行为以及偷漏税行为，减少税收收入流失。

二是对于在数字经济发展过程中因交易双方信息隐蔽性使得纳税主体、课税对象、税率等税制要素无法精准确定等问题，可以利用大数据、区块链等现代信息技术强化对于纳税人涉税信息的全面准确控制，并实时监管交易活动的各个环节，精准确定数字经济发展所涉及的税制要素（肖育才和杨磊，2022）。比如，在现行税收制度中关于个体经营者开展线上交易活动是否需要办理税务登记还没有明确的规定，并且自然人的税源相对较为分散，给税务机关的税收征管工作带来了较大的难度。因此，应尽快推行自然人税务登记制度，利用税收大数据进行数据涉税主体和税额的精准匹配。

三是应建立数字化的涉税信息共享机制，更有效借助数字化、智能化技术持续提升税收征管效率。税务机关应着力完善税务信息共享中心，加强纳税人、税务机关以及其他政府部门之间的联动，促进涉税信息共享，尤其通过跨区域、跨部门的信息共享，实现对偷漏税等违法行为精准打击，从而持续提升税收征管效率。

7.2.3 制定促进数字经济协调发展的区域性税收扶持政策

虽然我国数字经济发展水平逐年递增，但是区域之间以及区域内部数字经济发展不均衡现象依然较为突出，具体而言呈现出"东部—中部—西部"以及"沿海—内陆"依次递减的态势。此外，数字经济、数字产业化以及产业数字化发展对税收收入的影响在不同地区间也呈现出一定的异质性特征，经济发达地区的数字经济、数字产业化以及产业数字化发展对税收收入的促进作用显著，而经济欠发达地区的促进作用还未显现。因此，应制定促进数字经济协调发展的区域性税收扶持政策，缩小地区间"数字鸿沟"。在保持东部地区数字经济高速发展的同时，应不断强化东中西以及南北地区之间的数据要素流动和信息资源互惠共享，优化区域间数字经济发展格局，进而促进区域数字经济协同发展。

7.2.3.1　着力提升东部地区数字经济发展水平，巩固其数字经济发展水平的绝对优势

东部地区的数字经济发展水平领跑全国，因此应着力提升东部地区数字经济发展水平，巩固该地区数字经济发展水平的绝对优势。东部地区拥有良好的数字经济发展基础优势，应率先承担起攻克关键核心技术的重任，加强数字人才培养，进一步提升其创新能力。因此，应适当提高东部地区数字经济企业职工教育经费的税前扣除比例，通过劳动力素质的提高带动数字经济发展，从而进一步挖掘税收收入的增长空间。另外，还应在个人所得税专项附加扣除中，增加达到特定条件科技成果转化的个人所得税优惠政策，引导人才流动并鼓励创新发展。

7.2.3.2　打造中西部地区数字经济发展聚集地，提高数字经济发展水平

近年来，虽然中西部地区的数字经济发展水平出现了较快增长，但是与东部地区相比，中西部地区数字经济发展水平仍相对较低，并且地区内部各省份之间数字经济发展水平依然存在显著的地区差异。对于中西部地区而言，应积极探索合适的经济发展方式，在承接产业转移和发展新兴经济之间建立良好的互动关系，保障这两个地区的数字经济协调发展。为此，建议将促进西部大开发的企业所得税优惠税率进一步扩大到部分中部地区，降低中部地区数字企业税负。此外，还可以将中部和西部地区的高新技术企业、科技型中小企业的亏损结转年限由 10 年延长至 15 ~ 20 年，进一步促进这两个地区的数字经济发展与壮大。

7.2.3.3　加强数字经济发展的区域协作机制

我国各省份数字经济发展水平存在显著的空间正相关性，并且

数字经济发展不仅能够有效促进本地区税收收入增长，还对其他地区税收收入增长具有显著的促进作用。在数字经济发展过程中不可避免地会出现发展不平衡现象，因此，应该允许部分省份数字经济领先发展，积极探索数字经济发展的区域协作机制。东部地区能够为中西部地区提供更新的数字技术、更广阔的市场、更发达的数字产业，而中西部地区能够为东部地区提供更丰富的生产资料以及用能资源。因此，在保障广东、上海、江苏、浙江、北京、天津等东部省份数字经济发展水平优势地位的基础上，应充分发挥这些省份的辐射带动作用，以东部沿海地区带动中西部内陆地区数字经济发展，缩小区域差距。

另外，由于目前区域间差异是我国数字经济发展水平总体差异形成的最主要来源，其中，东部和西部地区数字经济发展水平差异最大，所以还应加大对"东数西算"工程的投入力度。"东数西算"工程是指通过构建数据中心、云计算、大数据一体化的新型算力网络体系，将东部算力需求有序地引导至西部地区，以优化数据中心建设布局，从而促进东西部协同联动发展。2022 年 2 月，在京津冀、长三角、粤港澳大湾区、成渝、内蒙古、贵州、甘肃、宁夏 8 地启动建设国家算力枢纽节点，并规划了 10 个国家数据中心集群，至此，全国一体化大数据中心体系完成总体布局设计，"东数西算"工程正式全面启动。目前"东数西算"工程已经形成点状布局，但尚未形成整体合力，因此应增强长期资金投入力度，推动"东数西算"工程纵深发展，通过数据中心的东西分布布局，弥合东西"数字鸿沟"。与东部地区相比，西部地区具有良好的资源禀赋条件，因此尤其应加大对于西部地区的新型基础设施建设投入力度，引导数据中心向西部地区聚集，推动区域间数字经济协调发展。对于西部地区符合条件的数字经济企业而言，建议在资源税、城市维护建设税、城镇土地使用税、房产税、耕地占用税等税种上给予其一定比例的税收减免，进而鼓励该地区数字经济发展。

7.2.4　运用税收政策推动数字经济和传统产业深度融合发展

对于数字经济和数字产业化而言，数字经济以及数字产业化发展提高税收收入，都是通过推动产业结构高级化实现的。因此，应推动数字经济和传统产业深度融合发展，加速产业结构实现高级化演变。

7.2.4.1　促进核心数字技术和传统产业深度融合，为传统产业转型升级奠定基础

近年来，大数据、互联网、云计算、人工智能等技术加速创新发展，为传统产业转型升级带来了新机遇。因此，应构建传统产业技术创新体系，利用先进的信息、网络技术对传统产业进行改造和优化，深入推进传统产业的数字化转型升级，充分释放数字红利，促进数字经济深入发展，进而推动产业结构实现高级化演变。针对传统产业数字化改造的时间跨度一般为 3～10 年这一特征，建议将税收减免优惠政策的时间设定为 6 年甚至更长。不仅如此，还应加大对数字技术的研发与投资力度，提升其运营效能，推动新兴数字技术发展，为传统产业转型升级奠定基础。

7.2.4.2　加快培育壮大新兴数字产业，赋能产业转型升级

一方面，应加大对技术研发的支持力度，引导各类资金投放到新兴数字产业领域。尤其应加大新产品研发经费投入力度，促进数字技术和实体经济深度融合，赋能产业转型升级。另一方面，应聚焦重点领域，促进数字产业集群发展。围绕数字经济重点产业和数字化应用场景重点发力，培育新一代数字产业、信息产业等具有国

际竞争力的新兴产业集群，将数字产业打造为新的经济增长点（刘和东和纪然，2022）。建议将国家重点鼓励的应用数字技术企业，纳入高新技术企业税收优惠政策范围；另外，针对数字经济平台化组织形式制定独立的认定标准，让更多的数字企业享受到高新技术企业税收优惠政策。

7.2.4.3 加强前沿核心技术自主创新，提高核心技术创新能力

数字技术是数字经济发展的基础，同时也是推动产业结构高级化进程的重要力量，数字经济发展和产业结构高级化演变都离不开数字技术的支撑。目前我国核心技术创新能力还相对较弱，由于缺乏关键核心技术，使得相关产业的自主控制能力也较为薄弱。因此，应加强前沿核心技术自主创新，提高核心技术创新能力。一是应加大研发经费投入力度，并辅之以政府采购、科研项目资助等多种方式重点发展网络、大数据、人工智能、区块链等前沿数字技术。二是应聚焦共性数字技术攻关，支持企业数字技术创新发展，突破数字创新中的关键核心技术。对于初创企业和成长企业而言，由于这两类企业在前期发展过程中都需要投入大量的推广资金，因此建议在初创期将这两类企业的推广费和广告费扣除比例设定为不超过当年销售（营业）收入的30%，使其享受更高的企业所得税税前扣除额度。此外，还应完善风险投资税收优惠政策，建议实施创投机构资本利得税减免或者税收抵扣政策，引导更多创投机构进入到核心技术创新领域。三是应加快推动数字技术研发成果落地转化。建议将研发费用加计扣除、技术转让所得税收减免、企业过渡期所得税减免等税收优惠政策落实落细，推动企业科技成果转化，鼓励企业创新发展。

参考文献

[1] 艾华, 徐绮爽, 王宝顺. 数字经济对地方政府税收收入影响的实证研究 [J]. 税务研究, 2021 (08): 107 - 112.

[2] 白雪洁, 宋培, 李琳. 数字经济发展助推产业结构转型 [J]. 上海经济研究, 2022 (05): 77 - 91.

[3] 白雪洁, 李琳, 宋培. 兼顾效率与公平: 中国数字经济发展对经济增长与收入不平等的影响研究 [J]. 西安交通大学学报 (社会科学版), 2023, 43 (01): 38 - 50.

[4] 白彦锋, 岳童. 数字税征管的国际经验、现实挑战与策略选择 [J]. 改革, 2021 (02): 69 - 80.

[5] 柏培文, 喻理. 数字经济发展与企业价格加成: 理论机制与经验事实 [J]. 中国工业经济, 2021 (11): 59 - 77.

[6] 柏培文, 张云. 数字经济、人口红利下降与中低技能劳动者权益 [J]. 经济研究, 2021, 56 (05): 91 - 108.

[7] 蔡继明, 刘媛, 高宏, 等. 数据要素参与价值创造的途径——基于广义价值论的一般均衡分析 [J]. 管理世界, 2022, 38 (07): 108 - 121.

［8］蔡跃洲. 数字经济的增加值及贡献度测算：历史沿革、理论基础与方法框架［J］. 求是学刊，2018，45（05）：65-71.

［9］蔡跃洲，马文君. 数据要素对高质量发展影响与数据流动制约［J］. 数量经济技术经济研究，2021，38（03）：64-83.

［10］蔡跃洲，牛新星. 中国数字经济增加值规模测算及结构分析［J］. 中国社会科学，2021（11）：4-30，204.

［11］曹静韬，张思聪. 数字经济对我国地区间税收收入分配影响的实证分析——基于空间杜宾模型［J］. 税务研究，2022（06）：13-221.

［12］陈亮. 数字经济核算问题研究［D］. 大连：东北财经大学，2020.

［13］陈静先，周全林. 数字服务税：内容、挑战与中国应对［J］. 当代财经，2021（04）：28-38.

［14］陈梦根，张鑫. 数字经济的统计挑战与核算思路探讨［J］. 改革，2020（09）：52-67.

［15］陈梦根，张鑫. 中国数字经济规模测度与生产率分析［J］. 数量经济技术经济研究，2022，39（01）：3-27.

［16］陈晓东，杨晓霞. 数字经济发展对产业结构升级的影响——基于灰关联熵与耗散结构理论的研究［J］. 改革，2021（03）：26-39.

［17］陈晓红，李杨扬，宋丽洁，等. 数字经济理论体系与研究展望［J］. 管理世界，2022，38（02）：13-16，208-224.

［18］陈志勇，王希瑞，刘畅. 数字经济下税收治理的演化趋势与模式再造［J］. 税务研究，2022（07）：57-63.

［19］戴维·罗默. 高级宏观经济学［M］. 上海：上海财经大

学出版社，2014.

[20] 邓达，潘光曦，林晓乐. 我国数字经济发展对地方财政可持续性的影响 [J]. 当代财经，2021（09）：38-52.

[21] 邓小俊，郑雷. 数字经济时代欧盟数字税改革动向及我国应对 [J]. 福建论坛（人文社会科学版），2020（06）：95-103.

[22] 董君，洪兴建. 数字鸿沟的内涵、影响因素与测度 [J]. 中国统计，2019（12）：71-73.

[23] 杜庆昊. 数字产业化和产业数字化的生成逻辑及主要路径 [J]. 经济体制改革，2021（05）：85-91.

[24] 樊轶侠，王卿. 数字服务课税模式比较研究及其启示 [J]. 财政研究，2020（12）：92-102.

[25] ［美］菲利普·阿吉翁，［美］彼得·霍依特. 内生经济增长理论 [M]. 北京：北京大学出版社，2004.

[26] 冯俏彬. 数字经济时代税收制度框架的前瞻性研究——基于生产要素决定税收制度的理论视角 [J]. 财政研究，2021（06）：31-44.

[27] 冯守东，王爱清. 数字经济背景下我国税收面临的挑战与应对 [J]. 税务研究，2021（03）：79-83.

[28] 冯素玲，许德慧. 数字产业化对产业结构升级的影响机制分析——基于2010-2019年中国省际面板数据的实证分析 [J]. 东岳论丛，2022，43（01）：136-149，192.

[29] 冯秀娟，魏中龙，周璇. 数字经济发展对我国税收贡献度的实证研究——基于数字产业化和产业数字化视角 [J]. 税务与经济，2021（06）：47-53.

[30] 干春晖，郑若谷，余典范. 中国产业结构变迁对经济增

长和波动的影响 [J]. 经济研究，2011，46（05）：4 – 16，31.

[31] 谷成，史心旭，王巍. 数字经济发展对税收收入的影响分析——来自中国城市的经验证据 [J]. 财政研究，2022（10）：85 – 99.

[32] 关会娟，许宪春，张美慧，等. 中国数字经济产业统计分类问题研究 [J]. 统计研究，2020，37（12）：3 – 16.

[33] 郭家堂，骆品亮. 互联网对中国全要素生产率有促进作用吗？[J]. 管理世界，2016（10）：34 – 49.

[34] 郭鹏飞，罗玥琦. 中国信息通信技术分行业资本存量的估算 [J]. 统计与决策，2018，34（13）：126 – 130.

[35] 国家互联网信息办公室. 数字中国发展报告（2020）[EB/OL]. http：//www. gov. cn/xinwen/2021 – 07/03/content_5622668. htm.

[36] 国家统计局. 数字经济及其核心产业统计分类 [R]. 国家统计局，2021.

[37] 韩君，高瀛璐. 中国省域数字经济发展的产业关联效应测算 [J]. 数量经济技术经济研究，2022，39（04）：45 – 66.

[38] 韩兆安，赵景峰，吴海珍. 中国省际数字经济规模测算、非均衡性与地区差异研究 [J]. 数量经济技术经济研究，2021，38（08）：164 – 181.

[39] 何枭吟. 美国数字经济研究 [D]. 长春：吉林大学，2005.

[40] 湖北省国际税收研究会、武汉市国际税收研究会课题组，胡立升，刘晓东，吴维平，等. 税收促进我国数字经济发展的国际经验与借鉴 [J]. 税务研究，2021（01）：89 – 96.

[41] 胡甲滨，俞立平，洪金珠. 双循环下数字经济对高技术产业影响研究 [J]. 科学学研究，2022，40（12）：2173 – 2186.

［42］胡连强，杨霆钧，张恒，等．基于数字经济的税收征管探讨［J］．税务研究，2019（05）：119－122．

［43］黄群慧，余泳泽，张松林．互联网发展与制造业生产率提升：内在机制与中国经验［J］．中国工业经济，2019（08）：5－23．

［44］江艇．因果推断经验研究中的中介效应与调节效应［J］．中国工业经济，2022（05）：100－120．

［45］蒋小文．跨境电子商务税收征管法律问题研究［D］．重庆：西南政法大学，2020．

［46］解垩，孟婷．数字经济、税收努力与税收增长［J］．中央财经大学学报，2022（12）：3－15．

［47］京东数字科技研究院．携手跨越 重塑增长 中国产业数字化报告2020［R］．京东数字科技研究院，2020．

［48］康铁祥．中国数字经济规模测算研究［J］．当代财经，2008（03）：118－121．

［49］李洁，张天顶．投入产出分析与中国数字经济规模的测量［J］．当代经济管理，2021，43（10）：66－73．

［50］李腾，孙国强，崔格格．数字产业化与产业数字化：双向联动关系、产业网络特征与数字经济发展［J］．产业经济研究，2021（05）：54－68．

［51］李香菊，刘硕，姚琴．数字经济背景下税收征管体系的国际经验与政策建议［J］．经济体制改革，2020（01）：156－163．

［52］李香菊，谢永清．推动我国数字经济发展的税收政策研究［J］．江西社会科学，2022，42（10）：54－63，206－207．

［53］李研．中国数字经济产出效率的地区差异及动态演变

[J]. 数量经济技术经济研究, 2021, 38 (02): 60 – 77.

[54] 梁晓琴. 数字普惠金融对地方税收影响的实证研究 [J]. 审计与经济研究, 2020, 35 (05): 96 – 104.

[55] 林子秋, 李应博. 知识作用视角下城市间环境规制异质性与绿色创新质量研究 [J]. 科技进步与对策, 2022, 39 (21): 33 – 44.

[56] 刘波, 洪兴建. 中国产业数字化程度的测算与分析 [J]. 统计研究, 2022, 39 (10): 3 – 18.

[57] 刘钒, 余明月. 长江经济带数字产业化与产业数字化的耦合协调分析 [J]. 长江流域资源与环境, 2021, 30 (07): 1527 – 1537.

[58] 刘方, 孟祺. 数字经济发展: 测度、国际比较与政策建议 [J]. 青海社会科学, 2019 (04): 83 – 90.

[59] 刘和东, 纪然. 数字经济促进产业结构升级的机制与效应研究 [J]. 科技进步与对策, 2023, 40 (01): 61 – 70.

[60] 刘军, 杨渊鋆, 张三峰. 中国数字经济测度与驱动因素研究 [J]. 上海经济研究, 2020 (06): 81 – 96.

[61] 刘伟, 许宪春, 熊泽泉. 数字经济分类的国际进展与中国探索 [J]. 财贸经济, 2021, 42 (07): 32 – 48.

[62] 刘家旗. 效率视角下数字经济对经济高质量发展的影响研究 [D]. 西安: 西北大学, 2022.

[63] 罗良清, 平卫英, 张雨露. 基于融合视角的中国数字经济卫星账户编制研究 [J]. 统计研究, 2021, 38 (01): 27 – 37.

[64] 马海涛, 曹明星, 白云真. 经合组织数字经济国际税收改革的方案逻辑与中国应对——一个基于新市场财政学的分析框架

[J]. 当代财经, 2022 (01): 29 - 39.

[65] 马洪范, 胥玲, 刘国平. 数字经济、税收冲击与税收治理变革 [J]. 税务研究, 2021 (04): 84 - 91.

[66] 马敏. "互联网 + 税务"背景下税收征管现代化问题研究 [J]. 税务研究, 2019 (02): 109 - 113.

[67] 马述忠, 郭继文. 数字经济时代的全球经济治理: 影响结构、特征刻画与取向选择 [J]. 改革, 2020 (11): 69 - 83.

[68] 毛恩荣, 周志波, 许美利. 数字经济背景下的全球税收治理: 内卷化与去内卷化 [J]. 税务研究, 2021 (10): 54 - 61.

[69] 尼古拉·尼葛洛庞帝. 数字化生存: 20 周年纪念版 [M]. 北京: 电子工业出版社, 2017.

[70] 裴长洪, 倪江飞, 李越. 数字经济的政治经济学分析 [J]. 财贸经济, 2018 (09): 5 - 22.

[71] 屈超, 张美慧. 国际ICT卫星账户的构建及对中国的启示 [J]. 统计研究, 2015, 32 (07): 74 - 80.

[72] 任超然. 基于区块链技术的税收征管模型研究 [J]. 税务研究, 2018 (11): 90 - 97.

[73] 单豪杰. 中国资本存量K的再估算: 1952 ~ 2006 年 [J]. 数量经济技术经济研究, 2008, 25 (01): 17 - 31.

[74] 史丹. 数字经济条件下产业发展趋势的演变 [J]. 中国工业经济, 2022 (01): 26 - 42.

[75] 石枕. 怎样理解和计算"全要素生产率"的增长——评一个具体技术经济问题的计量分析 [J]. 数量经济技术经济研究, 1988 (12): 68 - 71.

[76] 宋清华, 钟启明, 温湖炜. 产业数字化与企业全要素生

产率——来自中国制造业上市公司的证据［J］. 海南大学学报（人文社会科学版），2022，40（04）：74-84.

［77］宋旭光，何佳佳，左马华青. 数字产业化赋能实体经济发展：机制与路径［J］. 改革，2022（06）：76-90.

［78］邵凌云，张紫璇. 数字经济对税收治理的挑战与应对［J］. 税务研究，2020（09）：63-267.

［79］孙川. 中国省际信息通信技术资本存量估算［J］. 统计研究，2013，30（03）：35-42.

［80］唐红涛，谢婷. 数字经济视角下产业扶贫与产业振兴有效衔接的机理与效应研究［J］. 广东财经大学学报，2022，37（04）：30-43.

［81］唐要家，王钰，唐春晖. 数字经济、市场结构与创新绩效［J］. 中国工业经济，2022（10）：62-80.

［82］腾讯研究院. 中国"互联网+"数字经济指数（2018）［R］. 腾讯研究院，2018.

［83］田彬彬，陶东杰，李文健. 税收任务、策略性征管与企业实际税负［J］. 经济研究，2020，55（08）：121-136.

［84］田丽. 各国数字经济概念比较研究［J］. 经济研究参考，2017（40）：101-106，112.

［85］万晓榆，罗焱卿. 数字经济发展水平测度及其对全要素生产率的影响效应［J］. 改革，2022（01）：101-118.

［86］王宝顺，邱柯，张秋璇. 数字经济对国际税收征管的影响与对策——基于常设机构视角［J］. 税务研究，2019（02）：86-91.

［87］王锋，葛星. 低碳转型冲击就业吗——来自低碳城市试点的经验证据［J］. 中国工业经济，2022（05）：81-99.

[88] 王桂军,李成明,张辉.产业数字化的技术创新效应 [J].财经研究,2022,48(09):139-153.

[89] 王敏,董琦,袁娇.中国-东盟数字商务税收征管合作机制的探讨 [J].税务研究,2021(04):97-103.

[90] 王静田,付晓东.数字经济的独特机制、理论挑战与发展启示——基于生产要素秩序演进和生产力进步的探讨 [J].西部论坛,2020,30(06):1-12.

[91] 王劲杨.构建跨境增值税数字化征管手段的思考——基于美国跨洲销售税数字化征管机制的研究 [J].税务研究,2019(03):72-78.

[92] 王娟娟.产业数字化与我国区域发展格局演变 [J].甘肃社会科学,2022(04):204-214.

[93] 王军,朱杰,罗茜.中国数字经济发展水平及演变测度 [J].数量经济技术经济研究,2021,38(07):26-42.

[94] 王俊豪,周晟佳.中国数字产业发展的现状、特征及其溢出效应 [J].数量经济技术经济研究,2021,38(03):103-119.

[95] 王姝楠.数字经济背景下中国制造业转型升级研究 [D].北京:中共中央党校,2020.

[96] 王亚菲,王春云.中国行业层面信息与通信技术资本服务核算 [J].统计研究,2017,34(12):24-36.

[97] 王雍君.数字经济对税制与税收划分的影响:一个分析框架——兼论税收改革的核心命题 [J].税务研究,2020(11):67-75.

[98] 王雍君,王冉冉.数字经济税收治理:辖区规则、财政自立与均等化视角 [J].税务研究,2022(01):49-58.

［99］魏丽莉，侯宇琦．数字经济对中国城市绿色发展的影响作用研究［J］．数量经济技术经济研究，2022，39（08）：60－79.

［100］温忠麟，张雷，侯杰泰，等．中介效应检验程序及其应用［J］．心理学报，2004（05）：614－620.

［101］肖旭，戚聿东．产业数字化转型的价值维度与理论逻辑［J］．改革，2019（08）：61－70.

［102］肖远飞，周萍萍．数字经济、产业升级与高质量发展——基于中介效应和面板门槛效应实证研究［J］．重庆：重庆理工大学学报（社会科学），2021，35（03）：68－80.

［103］向书坚，吴文君．OECD数字经济核算研究最新动态及其启示［J］．统计研究，2018，35（12）：3－15.

［104］向书坚，吴文君．中国数字经济卫星账户框架设计研究［J］．统计研究，2019，36（10）：3－16.

［105］邢丽，樊轶侠，施文泼．面向数字经济时代的我国税制改革前瞻［J］．税务研究，2022（05）：61－67.

［106］徐清源，单志广，马潮江．国内外数字经济测度指标体系研究综述［J］．调研世界，2018（11）：52－58.

［107］许宪春，张美慧．中国数字经济规模测算研究——基于国际比较的视角［J］．中国工业经济，2020（05）：23－241.

［108］杨立勋，王涵，张志强．中国工业数字经济规模测度及提升路径研究［J］．上海经济研究，2022（10）：68－81.

［109］杨庆．数字经济对税收治理转型的影响与对策——基于政治经济学和治理理论分析视角［J］．税务研究，2020（10）：56－62.

［110］杨杨，徐少华，杜剑．数字经济下税收与税源背离对全

国统一大市场建设的影响及矫正 [J]. 税务研究, 2022 (08): 18-22.

[111] 杨仲山, 张美慧. 数字经济卫星账户: 国际经验及中国编制方案的设计 [J]. 统计研究, 2019, 36 (05): 16-30.

[112] 袁淳, 肖土盛, 耿春晓, 等. 数字化转型与企业分工: 专业化还是纵向一体化 [J]. 中国工业经济, 2021 (09): 137-155.

[113] 袁娇, 陈俊言, 王敏. 数字经济时代的税制改革路径: 基于税制与征管互动关系的思考 [J]. 税务研究, 2021 (12): 28-34.

[114] 约瑟夫·熊彼特. 经济发展理论 [M]. 北京: 中国华侨出版社, 2022.

[115] 赵涛. 共享经济税收管理的国际比较研究 [J]. 税务研究, 2019 (08): 77-82.

[116] 赵涛. 数字化背景下税收征管国际发展趋势研究 [J]. 中央财经大学学报, 2020 (01): 12-20.

[117] 赵涛, 张智, 梁上坤. 数字经济、创业活跃度与高质量发展——来自中国城市的经验证据 [J]. 管理世界, 2020, 36 (10): 65-76.

[118] 张伟亮, 宋丽颖. 数字经济可以缓解财政压力吗?——来自中国城市的经验证据 [J]. 湖北大学学报 (哲学社会科学版), 2023, 50 (01): 162-171.

[119] 张新春. 数字技术下社会再生产分层探究 [J]. 财经科学, 2021 (12): 52-63.

[120] 张雪玲, 焦月霞. 中国数字经济发展指数及其应用初探

[J]．浙江社会科学，2017（04）：32 – 40，157．

[121] 张焱．数字经济、溢出效应与全要素生产率提升 [J]．贵州社会科学，2021（03）：139 – 145．

[122] 中国信息化百人会．2016 中国信息经济发展报告 [R]．中国信息化百人会，2016．

[123] 中国信息通信研究院．数字经济对税收制度的挑战与应对研究报告 [R]．中国信息通信研究院，2020．

[124] 中国信息通信研究院．中国数字经济发展白皮书 [R]．中国信息通信研究院，2021．

[125] 中国信息通信研究院．全球数字经济白皮书 [R]．中国信息通信研究院，2021．

[126] 中国信息通信研究院．中国数字经济发展报告 [R]．中国信息通信研究院，2022．

[127] 钟坚，王锋波．粤港澳大湾区金融业辐射对产业结构高级化的作用机制及效应 [J]．广东财经大学学报，2022，37（05）：81 – 99．

[128] 周夏伟，杨彬如，岳太青．产业数字化、引致创新与区域经济增长 [J]．经济体制改革，2022（03）：119 – 126．

[129] 周志波，曹琦欢，刘晔．差序格局、国家圈子和数字经济全球税收治理——基于社会学的视角 [J]．税务研究，2022（01）：59 – 66．

[130] 朱发仓，乐冠岚，李倩倩．数字经济增加值规模测度 [J]．调研世界，2021（02）：56 – 64．

[131] 祝合良，王春娟．"双循环"新发展格局战略背景下产业数字化转型：理论与对策 [J]．财贸经济，2021，42（03）：

14 - 27.

[132] Agrawal D. R, Wildasin D. E. Technology and Tax Systems [J]. Journal of Public Economics, 2020 (185): 1 - 15.

[133] Ahmad N, Ribarsky J. Towards a Framework for Mearsuring the Digital Economy [R]. Paper Prepared for the 35th IARIW General Conference, 2018.

[134] Anselin L. Local Indicators of Spatial Association-LISA [J]. Geographical Analysis, 1995, 27 (02): 93 - 115.

[135] Arellano M, Bond S. Some Tests of Specification for Panel Data: Monte Carlo Evidence and an Application to Employment Equations [J]. The Review of Economic Studies, 1991, 58 (02): 277 - 297.

[136] Arrow K. J. The Economic Implication of Learning by Doing [J]. Review of Economics and Statistics, 1962, 29 (03): 155 - 173.

[137] Barbet P, Coutinet N. Measuring the Digital Economy: State-of-the-art Developments and Future Prospects [J]. Communications and Strategies, 2001, 42 (02): 153 - 184.

[138] Barefoot K, Curtis D, Jolliff W, R. Nicholson J, Omohundro R. Defining and Measuring the Digital Economy [R]. BEA Working Paper, 2018.

[139] Baron R. M, Kenny D. A. The Moderator-Mediator Variable Distinction in Social Psychological Research: Conceptual, Strategic, and Statistical Considerations [J]. Journal of Personality and Social Psychology, 1986, 51 (06): 1173 - 1182.

[140] Belousov Y. V, Timofeeva O. I. Methodology for Defining

the Digital Economy [J]. The World of New Economy, 2019, 13 (04): 7989.

[141] Bresnahan T. F, Trajtenberg M. General Purpose Technologies "Engines of Growth"? [J]. Journal of Econometrics, 1995, 65 (01): 83 – 108.

[142] Bukht R, Heeks R. Defining, Conceptualising and Measuring the Digital Economy [R]. Development Informatics Working Paper, 2017.

[143] Chinoracky R, Corejova T. How to Evaluate the Digital Economy Scale and Potential? [J]. Entrepreneurship and Sustainability Issues, 2021, 8 (04): 536 – 552.

[144] Choi S. Y, Whinston A. B. The Future of the Digital Economy [J]. Handbook on Electronic Commerce, 2000: 25 – 52.

[145] Hufbauer G. C, Lu Z. L. The European Union's proposed digital services tax: A de facto tariff [R]. 2018.

[146] Dagum C. Decomposition and Interpretation og Gini and the Generalized Entropy Inequality Measures [J]. Statistica-Bologna, 1997, 57 (03): 295 – 308.

[147] David N. Weil. Economic Growth (Second Edition) [M]. 北京: 中国人民大学出版社, 2011.

[148] Eapen A. Social Structure and Technology Spillovers from Foreign to Domestic Firms [J]. Journal of International Business Studies, 2012, 43 (03): 244 – 263.

[149] Farboodi M, Veldkamp L. A Growth Model of the Data Economy [J]. NBER Working Paper, 2021 (w28427).

[150] Farrell M. J. The Measurement of Productive Efficiency [J]. Journal of the Royal Statistical Society, 1957, 120 (03): 253 - 281.

[151] Garcia-Herrero A, Jianwei Xu. How Big is China's Digital Economy [R]. Bruegel Working Paper, 2018.

[152] Haltiwanger J, Jarmin R. S. Measuring the Digital Economy [J]. Understanding the Digital Economy: Data, Tools and Research, 2000: 13 - 233.

[153] Hansen B. E. Threshold Effect in Non-Dynamic Panels: Estimation, Testing and Inference [J]. Journal of Econometrics, 1999, 93 (02): 345 - 368.

[154] Henry D, Buckley P, Gill G. Cooke S, Dumagan J, Pastore D, Laporte S. The Emerging Digital Economy Ⅱ [M]. Washington, DC: US Department of Commerce, 1999.

[155] IMF Statistical Forum. Measuring The Digital Economy [EB/OL]. 2017. https://www. imf. org/en/News/Seminars/Conferences/2017/05/03/5th-statistical-forum.

[156] IMF. Measuring the Digital Economy [R/OL]. 2018. https://www. imf. org/en/Publications/Policy-Papers/Issues/2018/04/03/022818-measuring-the-digital-economy.

[157] Judd C. M, Kenny D. A. Pcocess Analysis: Estimating Mediation in Treatment Evaluations [J]. Evaluation Review, 1981, 5 (05): 602 - 619.

[158] Kling R, Lamb R. IT and Organization Change in Digital Economy: A Socio-Technical Approach [J]. Acm Sigcas Computers &

Society, 1999, 29 (03): 17 - 25.

[159] Lane N. Advancing the Digital Economy into the 21st Century [J]. Information Systems Frontiers, 1999, 1 (03): 317 - 320.

[160] Levin-Epstein M. Tax Technology: Forging Forward-But How Fast and in Which Direction? [J]. Tax Executive, 2015 (09): 12.

[161] Lipniewicz R. Tax Administration and Risk Management in the Digital Age [J]. Information Systems in Management, 2017, 6 (01): 26 - 37.

[162] Mesenbourg T. L. Measuring the Digital Economy [R]. U. S. Bureau of the Census, 2000.

[163] Moulton B. R. GDP and the Digital Economy: Keeping up with the Changes [J]. Understanding the Digital Economy Data, 1999, 4 (05): 34 - 48.

[164] OECD. Action Plan on Base Erosion and Profit Shifting [R]. OECD Publishing, 2013.

[165] OECD. Measuring the Digital Economy: A New Perspective [R]. OECD Publishing, 2014.

[166] OECD. Addressing the Tax Challenges of the Digital Economy: Action 1 - 2015 Final Repor [R]. OECD Publishing, 2015.

[167] OECD. Measuring Digital Trade: Towards a Conceptual Framework [R]. OECD Publishing, 2017.

[168] OECD. A Roadmap Toward a Common Framework for Measuring the Digital Economy [R]. Report for the G20 Digital Economy Task Force. Saudi Arabia, 2020.

[169] Romer P. M. Increasing Returns and Long-Run Growth [J]. Journal of Political Economy, 1986, 94 (05): 1002 – 1037.

[170] Shelomentsev A, Chuzhmarova S, Chuzhmarov A, Chuzhmarova A. Functional Aspects of the Development of State Tax Management in the Digital Economy [J]. Advances in Social Science, Education and Humanities Research, 2020, 392: 189 – 192.

[171] Tatarinov A. A. Measuring Digital Economy in National Accounts [J]. Voprosy Statistiki, 2019, 26 (02): 5 – 17.

[172] Tinbergen J. Professor Douglas' Production Function [J]. Revue De Linstitut International De Statistique, 1942, 10 (1/2): 37 – 48.

[173] Trajtenberg M, Bresnahan T. F. General Purpose Technologies: "Engines of Growth" [R]. NBER Working Paper, 1992.

[174] Zatsarinnyy A. A, Shabanov A. P. Model of a Prospective Digital Platform to Consolidate the Resources of Economic Activity in the Digital Economy [J]. Procedia Computer Science, 2019 (02): 552 – 557.

致　谢

　　每个人都会经历一段艰难的时光，它将人生变得美好而辽阔。当我敲下"致谢"这两个字时，内心只觉释然与平静。无论我是否愿意，时间的笔总会给我的学生时代画下一个句号。从 18 岁懵懂幼稚允诺青春无悔，到 28 岁奔赴筑梦路上挑灯夜读，落思万端，回忆潮涌。回首过往，唯有感谢。

　　在江财五年半的求学时光，最应该感谢的就是我的宝藏导师席卫群教授。在我读研、读博这五年半的时间里，席老师给予了我最大限度的指导、帮助、耐心和包容，每每感慨席老师为什么这么好的时候，老师总是用行动证明爱并不止于此。从最初的脑袋空空走到如今，是席老师手把手地教我如何看文献、找数据、读经典、做课题、写论文，科研路上的每一步都离不开席老师的指导和帮助。最令我深受感动的，是席老师不嫌弃资质如此平庸的我，对我有求必应、有问必答，尽可能满足我的每一个要求，耐心地帮我一遍遍修改论文，看到并适时鼓励我每一次小小的进步。其实我并不是一个自我认知度很高的人，是席老师的包容和关心，抚平了我的焦躁与不安，让我能在科研的道路上披荆斩棘、一往无前。席老师给予了我清风拂面、和煦温暖般的母爱，让我洗尽铅华，留下诚而无瑕的真挚。衷心地想对席老师说一句谢谢，谢谢您帮我改小论文改到凌晨，谢谢您鼓励我参加国内国际学术会议让我看到了更广阔的世界，谢谢您在我每次很难过的时候给予我安慰和鼓励。曾经无数次想要逃离这样的生活，如今离别在即，最舍不得的就是席老师。但或许我不应该为离别而感伤，而应为发生过而欣喜，毕业也永远不是结束，以后无论我在哪里，只要老师需要，永远愿意为老师的事业贡献自己的一份力量。愿老师身体健康、所得皆愿。

江西财经大学财税与公共管理学院培养了一批又一批的财税学子，很荣幸能够在这片知识的海洋里徜徉。感谢王乔教授、蒋金法教授、匡小平教授、肖建华教授、舒成教授、伍红教授、万莹教授、姚林香教授带我领略财税世界的美好，也要感谢老师们在论文开题、预答辩之时提出的宝贵意见，让我能顺利完成毕业论文写作。感谢谷成教授、方红生教授在百忙之中抽出时间参与我的论文答辩，并给予我宝贵的建议和指导。还要特别感谢杨得前教授，虽相隔千里，仍耐心地为我答疑解惑，您当初的那句"努力的每一步都不会白费"，支撑着我走过了一段很煎熬的日子。祝愿杨老师学术长青、一切顺利。

三载寒来暑往，我们一起跌跌撞撞成长。感谢王玉同学，读博时期的陪伴与照顾，那些双向赤诚的分享、价值观契合的欢愉、同游灰暗的岁月、落寞心情下的疏解、迷茫时刻的点拨，都是我生命中难得的滚烫，祝愿我们都有美好的未来。感谢卢光熙同学，在我学习实证、撰写论文的道路上倾囊相助，让我少走了很多弯路。感谢熊高鹏同学，作为班长总是尽心尽责地为大家服务，困顿迷茫时还会相约觅食互相开解，这些都是我这段日子里非常珍贵的回忆。

感谢谢璐华同学在考博路上的陪伴和鼓励。感谢吴宗福同学、王昊同学、王山同学、董上海同学，虽然不能时常见面，但是却尽力关照着我们每一个人，上进、踏实而又赤诚的你们，让我看到了什么是"归来仍是少年样"。离别之际，感谢在江财的过往，祝福在未来的你们。

有生之年，感谢相遇。感谢吕瑞林师兄一直以来的关心和鼓励，师兄工作繁忙，还时常给我打电话询问近况，在我每次遇到困难之时，师兄也总是不遗余力地为我提供帮助。感谢胡芳师姐、唐小明师兄的鼓励、关照和帮助。特别感谢朱顺熠师弟、徐佳佳师姐愿意听我琐碎的烦恼，在压力很大的时候总是会有你们的疏解与安慰。还要感谢黎慧学妹、张燕飞师妹、张瑜师妹、万思敏学妹，永远如太阳般炽热，带给我许多温暖，你们偶尔与我分享的细碎生活，让我觉得生活美好。愿我们都能在彼此看不见的日子里，闪闪发光。

特别要感谢父母对我的培养和支持。"父母之爱子，则为之计深远"，感谢爸妈从小对我严格要求、用心栽培，不仅给了我衣食无忧的生活，让我能心无旁骛地学习，还尽心地为我规划人生路线，参与我人生的每一次重大决定。在读博最痛苦的日子里，照顾我、开导我、鼓励我。我留给你们的永远是背影，你们却永远为我留一盏小憩的灯。希望我能早日成长为一把大伞，为爸妈遮风挡雨，愿你们身体健康、一切安好！还要感谢在我每一次发疯时持续给予我安慰和陪伴的家人、老友们，谢谢你们陪我领略这世间美好，告诉我学习之外生活的多彩。

最后，浅浅感谢一下自己吧。读博就像是一场修行，这场修行是我人生旅途中必须经历的一段隧道，起初凭借着一份孤勇，怀揣着对未知的探索和对美好生活的憧憬义无反顾地走进隧道，后来受挫、苦闷、内耗、焦虑开始交替出现，让我在无数个夜里辗转反侧。曾经很多次想要放弃，但是好在都坚持了下来，如今再回头望，早已"轻舟已过万重山"。虽然还是留下了许多遗憾，但是过去的内耗和自我否定就不要再想起了，以后带着汲取的能量继续前行吧。

追风赶月莫停留，平芜尽处是春山，让我们在人生更高处相见吧！

杨青瑜

2023 年 11 月 19 日于江财蛟桥园